AF341936

incredulity to assertions which the letters of their friends distinctly contradict; the judge appears to them merely to perform his daily and accustomed duty, when, in order to deter from crime, he misrepresents or exaggerates the evil of transportation; his authority is with them of no weight in comparison with the testimony of those who have experienced the punishment, and who have no assignable nor apparent motive to deceive. The majority of mankind are unacquainted with the condition of their fellow-beings even at the distance of a few miles from their residence; it would be strange, therefore, if they possessed more accurate knowledge of the antipodes. The suffering is not apparent; the accents of sorrow are not heard; a veil of mystery surrounds the subsequent fate of a great portion of the criminals; letters are rarely received except from the prosperous and happy; the unfortunate have neither the inclination nor the opportunity of describing their condition, or they indulge in the malicious satisfaction of denying their sufferings, and of scorning the efficacy of the laws. These circumstances appear to us to explain the fact that, whilst in parliament the evils of transportation are described as very great, little terror is produced amongst the criminals, their friends, and associates. Undoubtedly transportation is sometimes a severe punishment. This depends, however, upon the good or ill luck of the convict; upon circumstances over which he has no control, and which generally have no connexion whatsoever with his offence or his previous course of life. The convict, therefore, for whatsoever crime he is transported, (though he may be unfortunate in the lottery of evil,) may reasonably hope that his fate will be similar to that of the majority, which is by no means a disagreeable one.

When the convicts arrive in the colony, some are reserved for the service of the Government; some are sent to the penal settlements, and the majority are assigned as servants to the free colonists. According to the disposition of the master, the latter are treated with kindness or severity—enjoy the lot of a favoured domestic, or suffer the cruelest slavery. ‘Idleness and insolence of expression, or even of looks, subjects him to the chain-gang or the triangle, or to hard labour on the roads.’*

‘The condition of a convict in New South Wales depends greatly on the character of his master. It is in the power of the latter to render his yoke easy and his burden light; it is equally in his power, however, to make him superlatively miserable. In general, the lot of a convict in the colony is by no means a hard one; for the most part, he is better clothed, better fed, and better lodged, than three-fourths of the

---

* Correspondence of Lieutenant-Governor Arthur with the Colonial Office.

Thomas Paine.

RECUEIL

DES DIVERS ÉCRITS

DE THOMAS PAINE,

*Secrétaire du Congrès Américain, et membre
de la Convention Nationale en 1792;*

SUR

LA POLITIQUE ET LA LÉGISLATION,

Faisant suite aux autres ouvrages du même auteur, intitulés
LES DROITS DE L'HOMME et LE SENS COMMUN.

Traduit de l'Anglois.

A PARIS,

Chez F. BUISSON, Imprimeur-Libraire,
rue Hautefeuille, Nº. 20.

1793.

AVIS DU LIBRAIRE.

Thomas Paine adopta, en 1791, la traduction que je fis faire de son immortel Ouvrage, intitulé : *Droits de l'Homme ;* il y joignit même (étant à Paris) quelques notes et une nouvelle préface. Cet Ouvrage, on le sait, jouit d'une haute réputation; et une nouvelle édition, corrigée avec soin, que je viens d'en faire (1), prouve son succès. C'est ce qui m'a déterminé à recueillir en un volume les écrits épars de ce célèbre ami des Hommes, pour en faire jouir les Peuples libres ou ceux qui aspirent à la Liberté. La traduction en est faite avec soin, par un homme de lettres avantageusement connu.

J'ai également fait traduire le *Sens Commun*, et un autre Ouvrage précieux, intitulé : la *Crise Américaine*. Ces deux écrits publiés dans les Etats-Unis, par

____

(1) Février 1793.

Thomas Paine, en 1776 et 1777, firent plus pour la liberté américaine que toutes les armées, que les efforts, les lumières, les négociations de Washington et de Franklin.

RECUEIL

RECUEIL
DES DIVERS ÉCRITS
DE THOMAS PAINE.

LETTRE A L'ABBÉ RAYNAL,

SUR LES AFFAIRES DE L'AMÉRIQUE SEPTENTRIONALE.

Dans laquelle on relève les erreurs que contient son ouvrage sur la Révolution des États-Unis.

INTRODUCTION.

LA traduction qui a été publiée à Londres de l'ouvrage de l'abbé Raynal sur la révolution de l'Amérique, ayant été réimprimée à Philadelphie et dans quelques autres parties du continent, et la distance à laquelle cet écrivain se trouve placé du théâtre de la guerre, ne lui ayant permis ni d'avoir

A

bien connu les faits principaux, ni d'avoir conçu les véritables causes ou les principes, d'après lesquels s'est opérée cette révolution, je crois devoir essayer de relever ses erreurs, et empêcher que l'histoire ne consacre des faussetés.

L'éditeur de l'édition de Londres a décoré le pamphlet de l'abbé Raynal du titre pompeux de *Révolution de l'Amérique*, et les imprimeurs américains ont suivi cet exemple. Mais je crois savoir de bonne part que ce morceau, qui ne contient que des réflexions sur notre révolution, a été volé à l'imprimeur de l'abbé Raynal, ou du moins séparé de son manuscrit, et faisoit partie d'un ouvrage considérable que cet écrivain étoit prêt à publier. Celui, par qui l'écrit nous est parvenu, paroît être un Anglois; et quoiqu'il ait mis à la tête de l'édition de Londres un avertissement, qui contient beaucoup de protestations de patriotisme et de grands éloges de l'abbé Raynal, son action n'en est pas moins condamnable à tous égards.

« Dans le cours de ses voyages, dit-il,
» le traducteur eut le bonheur de se pro-
» curer une copie de cet excellent écrit,
» qui n'a pas encore vu le jour. Il le pu-
» blie en françois, en faveur de ceux qui
» voudront connoître l'éloquente manière
» de raisonner de l'abbé Raynal dans sa
» langue naturelle ; et il en donne en
» même-temps une traduction angloise,
» dans laquelle il a essayé, quoique peut-
» être en vain, de rendre toute la chaleur,
» la force, la dignité, la grace de l'ori-
» ginal. Il se flatte que l'illustre auteur ne
» verra point sans indulgence l'entreprise
» d'un homme, qui a pris la liberté de
» publier son ouvrage, dans la ferme per-
» suasion qu'il seroit utile, dans ces déli-
» cates conjonctures, à un pays qu'il chérit
» avec une ardeur, qui ne peut être sur-
» passée que par ce noble amour, dont
» le cœur philanthropique de l'historien du
» Commerce des deux mondes brûle pour
» la liberté et le bonheur de toutes les con-
» trées de la terre ».

Cette manière d'excuser une action malhonnête peut passer pour du patriotisme, et paroître bien fondée à ceux qui n'y font pas beaucoup d'attention, et dont le bonheur ni l'intérêt n'y sont compromis. Mais il est probable que, malgré ses belles protestations, l'éditeur n'a eu en vue que le profit qu'il pouvoit retirer de l'ouvrage à la tête duquel on verroit un nom célèbre.

Il est bon de remarquer que dans tous les pays où les lettres sont protégées, et il est impossible qu'elles profpérent jamais si elles ne le sont pas; il est bon de remarquer, dis-je, que l'ouvrage d'un auteur est une propriété sacrée. Traiter les lettres autrement, c'est vouloir les bannir à jamais ou du moins les étouffer dans leur naissance. Le vol fait à l'abbé Raynal a été, à la vérité, commis par un étranger et d'un pays dans un autre, et conséquemment peut échapper à la vengeance des loix : mais il n'en est pas moins contraire à la justice et à l'honnêteté. Quoique

(5)

l'Angleterre et la France soient en guerre,
les gens de lettres n'en doivent pas davantage donner l'exemple du pillage (1).

Cependant le tort fait à l'abbé Raynal,
en imprimant avant lui son écrit en anglois
et en françois, et l'empêchant peut-être de
vendre l'ouvrage dont il est détaché, et
pour lequel il peut avoir déjà fait beaucoup
de dépense, n'est que le moindre des maux
que peut avoir occasionné la conduite de
l'éditeur anglois. Les opinions d'un homme,
soit qu'il les écrive, soit qu'il les garde
dans sa tête, lui appartiennent jusqu'au

---

(1) L'état de la littérature en Amérique, peut devenir un jour l'objet de la considération des loix. Jusqu'à
présent elle y a servi en volontaire, et sans songer à
aucun profit, la cause de la révolution. Mais quand la
paix permettra qu'on s'adonne à l'étude, il sera nécessaire de protéger les propriétés littéraires, sans quoi la
littérature et les sciences n'y feroient jamais aucun progrès. Il est bon de remarquer que la Russie, qui étoit
à peine connue, il y a quelques années, en Europe,
doit en partie sa grandeur aux encouragemens donnés
à toutes les sciences. La France nous fournit un exemple
pareil sous le règne de Louis XIV.

moment qu'il juge à propos de les publier;
et il y a de l'injustice et de la cruauté de le
déclarer l'auteur de pensées, que la réflexion ou des informations nouvelles l'auroient peut-être engagé à supprimer ou à
corriger.

Il y a dans l'écrit attribué à l'abbé Raynal,
des sentimens que je ne me serois jamais
attendu à y voir, et qu'il auroit vraisemblablement supprimés, s'il avoit revu ce
pamphlet. Mais la piraterie de son éditeur
l'a compromis, et le jette dans des embarras auxquels il n'auroit sûrement point
été exposé sans une pareille fraude.

Cette imprudence de publier l'ouvrage
d'un auteur avant le temps, paroît encore
plus criminelle, si l'on songe combien,
dans tous les pays, il y a peu d'hommes
qui puissent d'un seul jet et sans correction
allier la chaleur de la passion avec un
caractère froid, et les expansions d'une
imagination féconde avec le calme et la
gravité d'un jugement sain, de manière à
n'écrire que des choses bien pensées, et à

plaire au lecteur en le convainquant. Faire agir à la fois et sans interruption trois puissances de l'ame, et les diriger pour qu'elles se renforcent mutuellement, est un don que la nature n'accorde qu'à un petit nombre de ses favoris.

Il arrive souvent que toute la force d'un argument est détruite par l'esprit qu'on veut y mettre, et que le jugement paroît altéré par la passion. Cependant un écrivain qui veut intéresser, ne doit pas être sans chaleur. Il faut, au contraire, que son imagination puisse bien se représenter les personnes, les caractères et toutes les circonstances qui ont rapport au sujet qu'il traite ; autrement son jugement restera froid, vague et imparfait: mais si son imagination et ses passions l'emportent trop loin, son jugement en est ébranlé, et l'objet qu'il traite, quelle que soit son importance, dégénère en un roman fantastique, qui n'est propre qu'à amuser un instant.

Les écrits de l'abbé Raynal fournissent plusieurs preuves de cette extension, de cette rapidité de pensées, et de cette sensibilité prompte, qui exige plus que tout autre défaut, un examen sévère, sur-tout quand l'auteur parle des nations et des individus contemporains qui sont en guerre. La moindre méprise sur les faits ou dans la manière dont on les envisage, conduit à de faux raisonnemens, et une erreur est toujours la source de beaucoup d'autres. L'abbé Raynal a eu des désagrémens dans sa patrie, pour s'être trompé sur quelques circonstances de la guerre d'Amérique, et sur le caractère de ceux qui la faisoient : mais ce qui peut l'excuser, c'est que son ouvrage a été publié par l'avidité d'un ennemi perfide.

LETTRE DE THOMAS PAINE,

A L'ABBÉ RAYNAL.

PEUT-ÊTRE devrois-je commencer par m'excuser d'attaquer un homme aussi célèbre que l'abbé Raynal : mais comme la vérité est le vœu le plus ardent de la philosophie, et le premier principe de l'histoire, j'espère que cet écrivain en voyant que je n'ambitionne que de faire rendre justice à qui elle est due, approuvera mes motifs, et me permettra de supprimer de vains complimens.

Dans le cours de son ouvrage, l'abbé Raynal a souvent loué sans raison et blâmé sans motif. Il a distribué la gloire à ceux qui ne la méritoient pas, et l'a refusée à ceux à qui elle étoit due : et il paroît tantôt si indifférent, tantôt si passionné pour son sujet et ses personnages, qu'il n'a rien peint avec vérité.

Il n'est pas encore temps d'écrire l'histoire de la révolution d'Amérique. Quiconque l'entreprendra précipitamment, est sûr de se tromper sur un grand nombre de faits et sur le caractère des personnes qui y ont joué un rôle , et de se jetter dans des embarras inextricables. Les choses, ainsi que les hommes, ne peuvent pas être bien jugées à la première vue. L'abbé Raynal s'est trompé, même dès la base de son ouvrage. Il a mal conçu et mal représenté les causes qui produisant une rupture entre l'Angleterre et ses colonies, ont occasionné insensiblement , et sans que l'Amérique s'y fût préparée, une révolution qui fixe l'attention de l'Europe.

Pour prouver ce que j'avance, je vais citer un passage de l'écrit de l'abbé Raynal, passage qui, quoique placé à la fin de son ouvrage, a plus de rapport avec le commencement, et dans lequel, en parlant des motifs de la querelle, il dit:

« Pas une de ces causes énergiques qui » ont produit tant de révolutions sur le » globe, n'existoit en Amérique. Ni la re- » ligion , ni les loix n'y avoient été outra- » gées : ni le sang des martyrs, ni celui des » patriotes n'avoit coulé sur l'échafaud. » La morale n'y avoit point été insultée : » les mœurs , les coutumes , les usages ,

» aucun des objets chers aux nations , n'y
» avoient été tournés en ridicule. Le pou-
» voir arbitraire n'y avoit arraché aucun
» habitant des bras de sa famille et de ses
» amis pour le traîner dans l'horreur des
» cachots. L'ordre public n'y étoit point
» interverti : les principes de l'administra-
» tion n'y avoient point été changés , et
» les maximes du gouvernement y étoient
» toujours demeurées les mêmes. Toute
» la question se réduisoit à savoir si la mère-
» patrie avoit ou n'avoit pas le droit de
» mettre directement ou indirectement ,
» une taxe sur ses colonies ».

Il est nécessaire de remarquer en général,
à l'occasion de ce singulier passage, que
ceux qui souffrent peuvent seuls bien sentir
leurs maux ; et pour qu'un homme puisse
bien juger de ces causes énergiques de la
révolution , pour me servir des expressions
de l'abbé Raynal, il faut qu'il ait résidé en
Amérique.

En disant que toutes les choses dont il fait
l'énumération n'existoient point en Amérique, et en négligeant de marquer l'époque
où il prétend qu'elles n'existoient pas, l'abbé
Raynal détruit toute l'autorité de son assertion.

Elles n'existoient pas en 1763, et elles existoient en 1776 ; conséquemment il y a eu pour elles une époque d'existence et une de non-existence. Le temps d'existence constitue le fait : ne pas le citer c'est détruire la seule autorité qui peut prouver si l'assertion est juste ou fausse, et avec laquelle elle doit se soutenir ou tomber. Mais cette assertion, telle qu'elle est présentée, sans indiquer aucune époque, semble prouver que la révolution d'Amérique n'a eu, en effet, aucun motif fondé, puisqu'il n'y existoit aucune de ces causes, que l'abbé Raynal appelle énergiques.

J'avoue qu'il m'est impossible de deviner le temps auquel l'abbé Raynal fait allusion; car, dans un autre endroit de son écrit, il appelle l'acte du timbre, passé en 1764, *un attentat aux droits les plus précieux, les plus sacrés des Américains.* Il convient donc ici que la plus énergique des causes, un attentat aux droits les plus précieux, les plus sacrés, existoit en Amérique douze ans avant la déclaration de l'indépendance, et dix ans avant les premières hostilités.

Le temps auquel l'assertion de l'abbé Raynal peut convenir, précède vraisemblablement l'acte du timbre : mais comme dans ce temps on n'avoit aucun projet, aucune idée de révolution, son assertion ne signifie rien; et comme, suivant ses principes, elle ne doit pas être appliquée au temps postérieur à l'acte du timbre, elle n'est plus qu'une vaine déclamation qui n'a de rapport avec rien, et ne ressemble à rien.

L'acte du timbre fut, il est vrai, révoqué deux ans après sa création : mais cette révocation fut immédiatement suivie d'un autre acte bien plus funeste, l'acte déclaratoire par lequel le parlement d'Angleterre s'attribuoit le droit de lier l'Amérique de la manière qu'il lui plairoit.

Si l'acte du timbre étoit un attentat aux droits les plus précieux des Américains, l'acte déclaratoire ne leur laissoit aucune espèce de droit, et contenoit les principes du gouvernement le plus despotique qui ait jamais opprimé la terre. Il ravaloit l'Amérique, non-seulement au plus bas, mais au plus abject vasselage; car il demandoit une soumission entière, sans condition, et comme l'exprime l'acte même, *dans tous les cas quelconques.* Ce qui rendoit encore cet acte plus outrageant, c'est qu'il porte le caractère d'un acte de grace ; aussi on peut dire à cette occasion que *la tendre miséricorde des méchans est cruelle.*

Toutes les chartes originales de la couronne d'Angleterre, sur la foi desquelles les aventuriers du vieux monde vinrent s'établir dans le nouveau, sont ébranlées dans leurs fondemens par cet acte déclaratoire. Ces chartes étoient des contrats qui avoient paru jusqu'alors lier les deux parties ; mais qui, d'après l'acte, peuvent être cassés ou altérés, à la volonté d'une seule. Le sort de l'Amérique restoit alors entre les mains du parlement et du ministère, sans qu'elle eût le moindre droit dans aucun cas que ce pût être.

Il n'est point de sorte de despotisme que cette loi inique ne pût favoriser ; et quoique dans son exécution on eût dû consulter les mœurs et les usages des Américains, il n'en est pas moins vrai que d'après les principes sur lesquels elle étoit fondée, elle rendoit toute tyrannie légale. Elle n'avoit point de bornes, s'appliquoit à tout et concernoit toute la vie d'un homme, ou, si je puis m'exprimer ainsi, une éternité de circonstances.

La nature de la loi est de demander de l'obéissance ; mais celle-ci exigeoit de la servitude : et sous son empire, la condition d'un Américain n'étoit plus celle d'un sujet, mais d'un vassal. La tyrannie a été souvent établie sans loi, et quelquefois contre la loi ; mais l'histoire du genre humain ne fournit pas un autre exemple qu'elle l'ait été par la loi. C'est outrager insolemment la justice ; et on ne sauroit trop faire connoître un tel acte pour qu'on le déteste comme il le mérite.

On ne peut pas dire que depuis cet acte l'Angleterre ait créé quelques loix pour l'Amérique : elle n'a plus fait que lui transmettre des ordres ; car, quelle différence y a-t-il entre des actes du parlement rendus d'après des principes et exécutés arbitrairement chez un peuple non-représenté, et les ordres d'un gouvernement militaire ?

Le parlement d'Angleterre n'étoit pas septannuel relativement à l'Amérique ; il étoit perpétuel. Il ne lui paroissoit qu'un corps toujours existant. Son élection, son expiration étoient à ses yeux une succession dont les héritiers mouroient quelquefois, ou plutôt vivoient toujours, et qu'ils conservoient comme un office. Aussi, pour que le peuple anglois ait une juste idée de la manière de penser des Américains à l'égard de cet acte extraordinaire, il faut qu'il suppose qu'il n'y a plus d'élection, ni d'expiration du parlement, et que les membres actuels et leurs héritiers jouiront de leurs places à perpétuité. Alors je demande ce que diroient les très-bruyans Anglois, s'il émanoit d'un tel corps un acte qui les lieroit dans tous les cas que ce pût être ? Car ces expressions *de tous les cas que ce pût être*, pourroient tout aussi bien s'appliquer à *la grande charte*, au *bill des droits*, aux *jugemens par jury*, qu'aux chartes et aux formes du gouvernement de l'Amérique.

Je suis persuadé que l'écrivain à qui j'adresse cette lettre, ne dira plus, après avoir eu connoissance de cet acte : « qu'en Amé- » rique les principes d'administration n'a- » voient point été changés, et que le gouver- » nement y étoit toujours le même ». — Nous croyons ici, au contraire, que tout a été renversé ; qu'on ne vouloit pas altérer seulement la liberté, mais la détruire dans ses fondemens, et la remplacer par une domination absolue.

L'abbé

L'abbé Raynal représente les choses d'une manière fausse et outrageante pour les Américains, quand il dit —— « que toute la » question se réduisoit à savoir si la mère-» patrie avoit ou non, directement ou in-» directement, le droit d'imposer une lé-» gère taxe à ses colonies ? » —— Ce n'étoit certainement pas toute la question : la taxe, plus ou moins forte, n'étoit pas non plus ce qui importoit au ministère, ni aux Américains. Ce qui révoltoit ceux-ci, c'étoit le principe. Autrement la taxe ne les eût que peu inquiétés, quelque forte qu'elle eût été.

La taxe sur le thé, qui est celle dont nous parlons, n'étoit qu'un essai pour faire passer l'acte déclaratoire, dans lequel on avoit eu soin d'insérer la phrase à la mode de *la suprématie universelle du parlement;* car, jusqu'alors , cet acte déclaratoire avoit été sans effet, et ses fermiers se contentoient d'énoncer de temps en temps leur opinion en sa faveur.

Toute la question, au commencement de la dispute, étoit donc de savoir si nous serions liés dans quelque cas que ce pût être par le parlement d'Angleterre, ou si nous

ne le serions pas ? Car notre soumission à la
taxe sur le thé devenoit une reconnoissance
formelle de l'acte déclaratoire , ou en d'autres termes , de la suprématie universelle du
parlement , que nous étions résolus de dénier toujours , et à laquelle il falloit conséquemment nous opposer tout de suite.

Il est probable que l'abbé Raynal aura été
induit en erreur par la lecture de quelques
morceaux détachés qui se trouvent dans les
gazettes américaines ; car dans une affaire
qui intéressoit tout le monde , chacun avoit
droit de donner son opinion ; et il y avoit
des gens qui , avec les meilleures intentions , ne savoient pas choisir les meilleurs
moyens de se défendre. Ils se sentoient en-
traînés vers le bien par l'impulsion générale :
mais seuls , ils n'étoient pas en état de distinguer ce bien-là.

Je ne me soucie pas trop d'examiner en
détail ce passage extraordinaire de l'écrit
de l'abbé Raynal , parce que je ne veux pas
avoir l'air de le traiter avec trop de sévérité :
autrement , je ferois voir que rien de ce qu'il
dit n'est fondé. Par exemple , n'a-t-on pas
voulu faire revivre un acte oublié , rendu
sous le règne d'Henri VIII , d'après lequel

les Américains pouvoient, suivant la volonté du parlement, être arrêtés, transportés en Angleterre, et là emprisonnés.pour y subir.leur jugement? Ce qui signifie en d'autres termes, qu'un pouvoir arbitraire les arracheroit des bras de leurs parens et de leurs amis, pour les traîner au loin et les renfermer dans des cachots horribles. Cet acte nous fut présenté quelques années avant nos hostilités; et si le sang des patriotes et des martyrs de la liberté n'a pas coulé sur des échafauds, il a inondé les rues, en 1770, lorsque la soldatesque britannique massacra une partie des habitans de Boston.

Si l'abbé Raynal avoit été bien instruit, auroit-il pu dire que les causes qui ont soulevé les Américains, différoient de toutes celles qui ont produit des révolutions dans les autres parties du globe? Ici, le prix de la liberté, les principes du gouvernement, la dignité de l'homme sont connus; et l'attachement des Américains à leurs droits est l'inévitable cause de leur révolution. Ils n'avoient point une famille particulière à élever ou à abaisser. Nul intérêt de personnalité ne se mêloit à leur cause. Tous liés en

semblé ; ils furent poussés vers leur affranchissement par la conduite impérieuse de la
Grande-Bretagne, qui ne se relâchoit sur rien.
Que dis-je ? Leur dernière démarche , la déclaration de leur indépendance a presqu'été
trop tardive ; et si l'on n'avoit pas saisi le
moment où on la fit , je ne vois pas qu'on
eût pu trouver depuis une occasion de la
faire avec le même succès.

Mais l'indépendance des Américains ayant
été promue avant leurs revers à la guerre,
c'est-à-dire , avant la désastreuse campagne
de 1776 , l'honneur , l'intérêt, tout les portoit à achever ce qu'ils avoient commencé.
Cette énergie de l'ame , cette élévation de la
pensée qu'inspire toujours la liberté , à
quelque distance qu'on la contemple, ra-
nima leur confiance et leur donna un courage qu'ils n'auroient jamais senti dans un
état d'asservissement. Ils voyoient toujours
devant eux des jours plus heureux, des jours
où ils pourroient se reposer ; et dans cet espoir, ils supportoient tous les maux, toutes
les fatigues de la guerre.

Si nous considérons la manière dont l'Angleterre s'est conduite envers nous, nous
verrons qu'elle nous a voulu faire subir

tout ce qui peut humilier une nation. Elle nous insultoit sans cesse, et ne montroit envers nous que cette hauteur ridicule qui caractérise les héros de la populace, et que méprisent les honnêtes gens. Elle doit autant la perte de ses colonies à sa vanité qu'à ses injustices. Celles-ci ont révolté les cœurs des colons, mais l'autre les avoit irrités dès long-temps; et c'est un exemple qui doit apprendre au reste du monde qu'il faut gouverner un peuple, non-seulement avec équité, mais avec douceur, avec affabilité. En un mot, beaucoup d'autres révolutions ont été produites par le caprice, par l'ambition : mais ici l'innocence humiliée étoit tourmentée avec rage, et forcée dès l'enfance de verser des pleurs.

Une union aussi étendue, aussi ferme, aussi constante, qui déterminoit à souffrir avec patience, et ne permettoit jamais le désespoir, ne pouvoit pas être l'effet d'une cause ordinaire. Elle ne devoit son existence qu'à quelque chose, capable d'occuper toutes les facultés de l'ame et de l'armer d'une éternelle énergie. Ce seroit en vain qu'on chercheroit dans les révolutions anciennes, quelque objet de comparaison avec les motifs qui nous ont mis les armes à la main. L'origine de notre insurrection, ses progrès, son but, ses conséquences, les hommes qui l'opèrent, leur manière de penser, le pays même et ses rapports, tout enfin la rend différente des autres.

L'histoire des révolutions des autres peuples n'étoit ordinairement que l'histoire de leurs querelles. On n'y distingue guère de caractère important. Les hommes y disparoissent sous la masse des événemens ; et tandis que le chef du parti triomphant s'empare de tout le pouvoir, la multitude reste écrasée et verse des larmes.

Peu de révolutions ont occasionné des réformes dans les mœurs et le gouvernement ; et beaucoup n'ont fait que favoriser l'excès des vices. Les succès d'un côté, les revers de l'autre : voilà ce qu'elles ont de plus remarquable. Alors les chagrins, les tourmens, la mort deviennent familiers au point que la pitié, ce sentiment si doux au cœur, en est bannie, et que l'œil forcé de contempler sans cesse le spectacle de la cruauté, cesse d'en être blessé.

Mais la révolution américaine différant

dans ses principes de celles qui l'ont pré-
cédée, la conduite des Américains a également différé de celle des autres peuples, et
dans le gouvernement et dans la guerre.
Jamais le doigt souillé du déshonneur, ni
la main sanglante de la vengeance, n'ont
imprimé la moindre tache à leur réputation. Leurs victoires ont été illustrées par
la clémence ; s'ils ont permis le sommeil
des loix, c'est lorsque leur vigilance les auroit
forcés de punir. La guerre qui est une sorte
de commerce dont presque toutes les nations semblent avides, n'a été admise ici
que par nécessité ; et quand cette nécessité
disparoîtra, les ennemis mêmes de l'Amérique seront obligés d'avouer que comme
elle n'avoit tiré l'épée que pour sa juste
défense, elle s'en est servie sans cruauté
et l'a remise sans peine dans le fourreau.

Mais mon dessein n'est point de faire
de ces réflexions une histoire, et je n'ajouterai qu'une simple observation sur le passage de l'abbé Raynal auquel je réponds ici ;
c'est qu'à moins que je n'acquière d'autres
lumières sur les causes de la révolution de
l'Amérique, je croirai toujours que quoiqu'il en pût arriver, le cabinet britannique

avoit fermement résolu de nous chercher
querelle.

Les membres qui composent ce cabinet
ne doutoient nullement du succès , s'ils
pouvoient nous obliger d'en venir à la décision d'une bataille ; et ils attendoient
d'une conquête ce qu'ils ne pouvoient proposer avec décence , ni espérer par des négociations. Les chartes, les constitutions des
colonies les offensoient. Les progrès rapides
de nos établissemens et de notre population
leur déplaisoient d'autant plus qu'ils les regardoient comme un acheminement certain
vers l'indépendance. Ils ne voyoient d'autre
moyen de nous retenir qu'en s'y prenant à
temps pour nous réduire. Une conquête les
rendoit tout à-la-fois seigneurs suzerains et
propriétaires, et les mettoit en possession
des revenus et des fonds. Il ne falloit qu'une
victoire pour assurer le despotisme de leur
gouvernement et mettre fin à toute contestation, à toute remontrance.

L'acte du timbre leur avoit appris combien il étoit avantageux d'avoir un prétexte
de querelle , et ils croyoient n'avoir rien de
mieux à faire que de renouveller la même
scène, et d'allumer la guerre. Ils vouloient

une rebellion, et ils la firent éclore. Ils espéroient une déclaration d'indépendance, et ils l'eurent. Mais ensuite ils comptoient sur une victoire, et ils n'obtinrent qu'une défaite.

C'est là ce qu'on doit regarder comme l'origine de la querelle ; et il faut convenir que les ministres anglois ne se sont point démentis jusqu'au moment où l'on a signé le traité de Paris. La conquête leur parut alors douteuse. Ils eurent recours à la négociation et ils furent encore vaincus.

L'abbé Raynal a sans doute beaucoup de talent. Il connoît bien sa langue et il sait habilement l'employer : mais il semble qu'il ne se soucie pas de remplir les devoirs sévères d'un historien. Il ne rapporte que négligemment les faits. Ceux qu'il cite sont surchargés d'erreurs, et pour la plupart obscurs et douteux. Les réflexions, les maximes sont, sans contredit, un ornement pour l'histoire et la rendent bien plus utile ; le style de l'écrivain en est plus varié, et sa sensibilité s'y développe davantage : mais il est nécessaire que ce qui fait la base de ces réflexions soit vrai et soigneusement présenté ; et c'est ce qu'on ne trouve point dans l'écrit de l'abbé Raynal. Cet auteur se hâte dans sa narration, comme s'il lui tardoit d'en être quitte pour se livrer à toute la chaleur de son imagination et de son éloquence.

Il renferme dans un court paragraphe les deux batailles qui furent données dans les Jerseys, l'une à Trenton en novembre 1776, et l'autre à Princeton, en janvier suivant; et quoique le sort de l'Amérique dépendît de ces deux actions, quoique sa liberté ait été alors sur le point de sa ruine, l'abbé Raynal n'en parle que légèrement et néglige le caractère des combattans comme la description du combat.

« Le 15 décembre 1776, dit-il, les Amé-
» ricains traversèrent la Delaware et tom-
» bèrent par hasard sur Trenton, qui étoit
» occupé par quinze cents de ces mille
» Hessois que leur avare maître avoit vendus
» d'une manière si infame au roi de la
» Grande-Bretagne. Ce corps fut massacré,
» pris ou dispersé. Huit jours après, trois
» régimens anglois furent également chassés
» de Princeton, mais après avoir mieux
» soutenu leur réputation que les troupes
» étrangères à leur solde ».

Voilà comment l'abbé Raynal raconte les événemens les plus importans. Il fait précéder ce récit par deux ou trois pages de détails sur les opérations des deux armées, depuis l'époque où le général Howe vint d'Halifax, et se présenta devant New-Yorck, époque où ce général reçut des renforts considérables de troupes qui arrivoient d'Angleterre. Mais tout ce que dit ici l'abbé Raynal, contient tant d'erreurs et d'omissions, que l'histoire, non une simple lettre, peut seule les relever.

A peine parle-t-il de l'action de l'Isle-longue, et tout ce qui se passa dans les Plaines-blanches est omis, ainsi que l'attaque et la perte du fort Washington où il y avoit une garnison de deux mille cinq cents hommes qui fut faite prisonnière de guerre, et qui entraîna l'évacuation précipitée du fort Lée. Ces malheurs furent en grande partie cause que les Américains traversèrent les Jerseys et firent environ quatre-vingt-dix milles pour gagner la Delaware ; et cependant l'abbé Raynal ne dit rien de cette retraite, pendant laquelle les deux armées furent presque toujours en présence, où à peine l'arrière-garde de l'une brisoit un

pont, que l'avant-garde de l'autre travailloit
à le réparer, et qui, par la nature du pays,
par la rigueur de la saison et par une foule
d'autres circonstances, mérite toute l'attention d'un historien.

Ce fut une époque désastreuse. Le danger croissoit, et il n'y avoit presque plus
aucune raison d'espérer. Il est impossible
de décrire ces scènes funestes. Ceux même
qui en ont été les acteurs, sont étonnés d'y
avoir résisté, et il leur est impossible de
peindre la force d'ame, l'enthousiasme qui
leur ont fait supporter tant d'infortunes
accumulées.

Dans le temps où l'armée fut levée, on
s'attendoit que la campagne seroit poussée
si avant dans l'hiver, qu'alors la rigueur de
la saison et les mauvais chemins feroient
suspendre les opérations militaires jusqu'au
printemps, où l'on pourroit rassembler de
nouvelles forces. Je cite ceci parce qu'il est
nécessaire que tous ceux qui voudront écrire
l'histoire de cette guerre fassent bien attention que jusqu'au 26 décembre, c'est-à-dire,
jusqu'au moment où l'on attaqua les Hessois
à Trenton, on croyoit que les Américains
ne vouloient que gagner du temps, et sou-

tenir la campagne, malgré le désavantage du nombre, avec le moins de perte possible.

La prise de la garnison du fort Washington qui eut lieu le 13 novembre, et l'abandon d'une partie considérable des soldats, dont l'engagement expiroit le 30 du même mois, ou peu de jours après, sembloient ôter toute ressource. On doit ajouter encore que le peu de troupes restées sous les drapeaux, se trouvoient dans la plus affreuse condition ; car la garnison du fort Lée , qui composoit en grande partie cette armée , avoit été obligée de se retirer si précipitamment , qu'elle avoit abandonné ses provisions et ses bagages. Les soldats n'avoient ni tentes, ni couvertures. Ils ne pouvoient faire cuire leur manger qu'avec les ustensiles qu'on vouloit bien leur prêter en route. Cependant ils firent, dans cet état, une retraite de quatre - vingt-dix milles, et ils eurent l'adresse de faire durer cette retraite dix neuf jours.

Ces revers jettèrent en un moment tout le pays dans le plus grand embarras. Il voyoit un ennemi dans son sein sans avoir de forces à lui opposer; on ne pouvoit es-

pérer de secours que de la bonne volonté
des habitans. Mais il falloit prendre un parti.
Il falloit que chacun songeât à soi.

C'est dans ces circonstances tout - à-
la-fois propres à épouvanter et à ranimer
le courage, que l'homme riche, le marchand, le fermier, le laboureur, quittèrent
leurs affaires, leurs maisons, toutes les douceurs d'une vie paisible, pour prendre le
mousquet et supporter les fatigues d'une
campagne pendant la dure saison de l'hiver.
La lenteur qu'on avoit si heureusement
mise dans la retraite à travers les Jerseys,
donna le temps à tous les volontaires de
joindre l'armée du général Washington sur
la Delaware.

L'abbé se trompe aussi en disant que les
Américains tombèrent par hasard sur Trenton. Le général Washington n'avoit pas
d'autre but quand il passa la Delaware,
pendant la profonde obscurité de la nuit,
et à travers la neige, la glace et les orages.
Aussi repassa-t-il la même rivière avec ses
prisonniers, dès qu'il eut accompli son
projet.

Cette entreprise ne pouvoit pas être un
secret pour l'ennemi, car il avoit été averti

par une lettre qu'un officier anglois de la
garnison de Princeton écrivit au colonel
Rolle qui commandoit les Hessois à Trenton, lettre qui fut ensuite trouvée par les
Américains. Néanmoins Trenton fut surpris. Une petite circonstance qui avoit l'air
d'une méprise de la part des Américains,
donna lieu à une méprise bien plus considérable de Rolle.

Voici le fait. On avoit fait passer la Delaware à une vingtaine d'Américains, qui
se trouvoient dans un petit poste à quelques
milles de là, et qui avoient à leur tête un
officier qui n'étoit point instruit du dessein
du général Washington. Ils furent rencon-
trés et repoussés par un corps de Hessois la
nuit de Noël, au moment où Rolle venoit
de recevoir la lettre qui l'avertissoit d'une
attaque. Les Hessois s'imaginèrent alors
que c'étoit là tous ceux qui devoient les
attaquer, et croyant que l'entreprise étoit
manquée, ils rentrèrent dans leurs quartiers;
de sorte que ce qui auroit pu déconcerter
les Américains, et les faire tomber dans
une embuscade, ne servit qu'à tromper l'ennemi et favoriser l'attaque. Au point du
jour, le général Washington entra dans la

ville, s'en rendit aisément maître et fit plus de neuf cents prisonniers.

Ces équivoques, ces heureuses méprises, rentrant dans ce que l'abbé Raynal appelle *le vaste empire du hasard*, auroient pu ouvrir un beau champ à sa pensée, et je voudrois qu'il les eût connues pour les embellir de ces réflexions élégantes qui distinguent ses écrits.

Mais la bataille de Princeton offrit encore plus de confusion et eut des suites bien plus extraordinaires. Les Américains, grace aux heureux talens de leur général, non-seulement dérangèrent tous les plans des Anglois, au moment où ceux-ci vouloient les exécuter, mais ils chassèrent de leurs postes un ennemi supérieur en force, et le contraignirent de terminer la campagne. Comme toutes les circonstances de cette campagne sont très-curieuses, et qu'on ne les connoît que fort mal en Europe, je vais en rapporter les principales de la manière la plus concise qu'il me sera possible. Mon récit servira à prévenir les erreurs des historiens, qui voudront peindre la révolution de l'Amérique, et sauvera de l'oubli les exemples du plus grand courage.

Immédiatement

Immédiatement après la surprise des Hessois à Trenton, le général Washington repassant la Delaware qui, en cet endroit, a environ trois quarts de mille de large, rentra dans son camp en Pensylvanie. Trenton cessa d'être occupé, l'ennemi étant posté à Princeton qui en est à douze milles, et sur la route de New-Yorck. Le temps étoit excessivement froid. Il n'y avoit sur le bord de la Delaware que quelques maisons où le général Washington logeoit ; et la plus grande partie de l'armée se tenoit dans les bois et couchoit en rase campagne. Ces circonstances engagèrent les Américains à traverser la rivière pour occuper Trenton. Ce fut, sans contredit, un projet hardi et fait pour inspirer de la défiance à l'ennemi, sur-tout si l'on considère la terreur panique qui s'empara de lui quand les Hessois furent pris. Mais pour donner une juste idée de cette affaire, il est nécessaire de décrire les lieux.

Trenton est situé sur un terrein élevé, à environ trois quarts de mille de la Delaware, et sur la rive orientale, c'est-à-dire, dans la province de Jersey. Au milieu de la ville, coule un ruisseau dont l'eau suffit à peine pour faire tourner un moulin qu'on y a construit, et va se jetter droit dans la Delaware. La partie haute de la ville, qui est au nord-est du ruisseau, contient soixante-dix ou quatre-vingt maisons, et la partie basse quarante ou cinquante. Le terrein qui borde le ruisseau des deux côtés, et sur lequel on a bâti les maisons, est assez élevé; de sorte que les deux parties de la ville s'offrent mutuellement un coup-d'œil agréable, et se communiquent par un pont en pierre d'une seule arche.

Le général Washington ne faisoit que de prendre possession de ce poste, et la plupart de ses troupes qui marchoient par détachemens n'étoient pas encore arrivées, quand les Anglois laissant une forte garnison à Princeton, et s'avançant avec rapidité, entrèrent tout-à-coup dans Trenton par le côté de la haute ville, c'est-à-dire, le nord-est. Un parti d'Américains combattit les premiers qui se présentèrent, afin de donner le temps à nos gens de rassembler leur bagage et de gagner l'autre côté du pont.

Cependant en peu de temps les Anglois furent maîtres de la moitié de la ville. Le

général Washington conserva l'autre ; et les
deux armées n'étoient séparées que par le
ruisseau. La situation étoit on ne peut pas
plus critique ; et si jamais le sort de l'Amérique dépendit des événemens d'un jour,
ce fut ce jour-là. La Delaware charrioit déjà
beaucoup de glace , et elle n'étoit plus
guéable. Quand même on eût pu la passer,
il eût été trop dangereux de le tenter en présence de l'ennemi ; de sorte que la retraite
en Pensylvanie étoit devenue impossible.
D'ailleurs, tous les chemins étoient gâtés par
le froid , et l'ennemi occupoit le principal.

A quatre heures , un parti d'Anglois s'a-
vança vers le pont, dans l'intention de s'en
emparer , mais il fut repoussé ; et quoique
le ruisseau fût guéable depuis le pont jusqu'à la Delaware , il s'en tint à cette tentative infructueuse. Le ruisseau n'a qu'un lit
étroit et inégal qu'un homme peut aisément
franchir , quelque rapide que soit le cours
de l'eau. Le jour alloit bientôt finir ; et les
Anglois croyant avoir tout l'avantage qu'ils
pouvoient desirer , et être les maîtres d'en
profiter à leur volonté, se réservèrent pour
faire une attaque le lendemain.

Mais le lendemain produisit une scène aussi brillante qu'inattendue. Les Anglois étoient déjà sous les armes, et prêts à marcher pour attaquer les Américains, quand un dragon arrivant de Princeton au galop, leur annonça que le général Washington avoit surpris ce poste pendant la nuit, en avoit chassé les défenseurs, et marchoit pour s'emparer des magasins de Brunswick. A cette nouvelle, les Anglois qui s'apprêtoient à donner l'assaut à un camp évacué, furent consternés, et tournant d'un autre côté, ils prirent la route de Princeton.

L'action du Général Washington est si extraordinaire, que la postérité la regardera peut-être comme une fable. Il sera d'abord difficile de comprendre comment deux armées, dont dépendoient de si grands destins, pouvoient être accumulées dans une ville comme Trenton; et que l'une se retire, emporte ses bagages, toute son artillerie, sans que l'autre s'en apperçoive, dans un moment où l'on se préparoit à l'attaque, dans un moment où l'on devoit se méfier de tout et veiller avec le plus grand soin. Les Anglois furent tellement déçus, que quand ils entendirent le bruit du canon et de la mousqueterie de Princeton, ils crurent, quoiqu'on fût en hiver, que c'étoit le tonnerre.

Le général Washington, afin de mieux cacher sa retraite de Trenton, avoit fait allumer une rangée de feux au-devant de son camp. Ces feux eurent le double avantage de faire croire aux Anglois que les Américains se reposoient, et de leur dérober tous les préparatifs qu'on faisoit par derrière; car on ne peut pas plus voir à travers la flamme qu'à travers une muraille; et dans cette occasion, on peut dire avec vérité que ce fut une colonne de lumière pour une armée et une colonne de ténèbres pour l'autre. Les Américains, après une marche de dix-huit milles, arrivèrent à la pointe du jour à Princeton.

Le général Washington fit deux ou trois cents prisonniers, et les amena avec lui. L'avant-garde de l'armée angloise entra dans Princeton, environ une heure après que les Américains en furent partis : et ceux-ci, continuant leur marche le reste de la journée, allèrent camper à seize milles, dans un endroit commode, loin de la route principale qui mène à Brunswick. Mais tout ce

qu'ils venoient de faire pendant deux jours,
où ils n'avoient pris ni repos, ni presqu'aucune espèce de rafraîchissement, les avoit
tellement épuisés, qu'ils regardèrent comme
un bonheur de pouvoir se coucher sur la
terre gelée, sans autre abri que la voûte des
cieux.

Par ces deux actions mémorables, faites
avec des forces si inférieures à celles de leurs
ennemis, les Américains terminèrent avec
avantage une campagne qui, quelques jours
auparavant, sembloit devoir entraîner la
ruine totale du pays. Les Anglois craignant
pour leurs magasins de Brunswick, mar-
chèrent droit à cette ville, y arrivèrent le
même jour fort tard, et y restèrent canton-
nés pendant cinq mois, sans en remuer.

A présent que j'ai esquissé les principaux
traits de ces deux actions intéressantes, je
reviens à l'abbé Raynal, et je vais relever
ses erreurs relativement à la dette et au papier-monnoie des Américains. Voici ce qu'il
en dit:

« Ces richesses idéales étoient rejettées :
» plus le besoin les fit multiplier, plus on
» les déprécioit. Le congrès, indigné des

» affronts que **recevoit** son papier, déclara
» que tous **ceux qui** ne le recevroient pas au
» même **prix** que l'or, seroient regardés
» comme traîtres à la patrie.

» Ce corps ne savoit-il pas qu'on ne force
» pas plus la confiance que les sentimens?
» N'appercevoit-il pas que dans la crise ac-
» tuelle, tout homme raisonnable devoit
» craindre d'exposer sa fortune? Ne voyoit-il
» pas que dans le commencement d'une ré-
» publique il se permettoit des actes de des-
» potisme inconnus dans les pays même où
» l'oppression et la servitude sont devenues
» familières? Pouvoit-il prétendre qu'il ne
» puniroit pas un simple défaut de confiance,
» des mêmes supplices que méritoient à
» peine la révolte et la trahison? Le congrès
» avoit bien prévu tout cela; mais il n'avoit
» pas le choix des moyens. Ses méprisés et
» méprisables chiffons de papier étoient
» déjà trente fois au-dessous de leur valeur
» première, quand il ordonna d'en fabri-
» quer une plus grande quantité. Le 13 sep-
» tembre 1779, le papier en circulation
» s'élevoit à 35,544,155 liv. sterlings; et
» l'état devoit, en outre, 8,385,356 liv.

» sans compter les dettes particulières de
» chaque province ».

Dans ce passage l'abbé Raynal parle
comme si les États-Unis avoient contracté
une dette de plus de quarante millions sterling, outre la dette des états particuliers;
après quoi il dit, à l'occasion du commerce
étranger que peut faire l'Amérique : — « Les
» contrées de l'Europe, qui sont vraiment
» commerçantes, sachant que l'Amérique
» a été réduite à contracter des dettes, à
» l'époque de sa plus grande prospérité,
» pensèrent sagement que dans sa détresse
» elle ne pourroit payer que fort peu de
» chose sur les marchandises qu'on lui
» porteroit ».

Je sais qu'il doit être très-difficile de faire
comprendre aux étrangers la nature et la
valeur de notre papier-monnoie, car il y a
des Américains même qui ne peuvent pas
s'en former une juste idée. Mais le sort de
ce papier est maintenant décidé : un consentement général lui a permis de se reposer, et nous ne le regardons que comme ces
autres choses inanimées, dont le long service mérite toujours de la reconnoissance.
Chaque pierre du pont sur lequel nous avons

passé, a droit à notre considération : mais le papier-monnoie étoit une pierre angulaire, dont l'importance ne peut être oubliée. Les ames sensibles éprouvent une certaine bienveillance pour les choses même auxquelles cette bienveillance ne peut pas plus être avantageuse que leur indifférence ne leur seroit nuisible. Enfin, telle est la vérité, et il n'est guère personne qui ne la sente.

Mais revenons. Le papier - monnoie, quoiqu'émis par le congrès, sous le titre de dollars (1), ne reçut pas toujours de ce corps la même valeur. Celui qui fut émis la première année équivaloit l'or et l'argent ; celui de la seconde année eut un tiers de moins de valeur ; celui de la troisième fut encore baissé, et ainsi du reste pendant l'espace d'environ cinq ans ; et à la fin, je crois que tout le papier que le congrès avoit émis, ne pouvoit guère, d'après les valeurs données, se monter à plus de douze millions sterling.

Si l'on n'avoit pas eu cette ressource, il

----

(1). C'est-à-dire rixdaler, ou écus de la valeur d'environ 4 shillings et 4 sols anglois.

auroit certainement fallu lever dix ou douze millions d'impôts pour faire la guerre pendant cinq ans : tandis que le papier servoit et finissoit par être réduit à rien , on n'a payé aucun impôt ; ainsi cela revient au même. Qu'importe qu'on donne dix ou douze millions d'argent effectif, ou qu'ayant cette somme en papier, elle perde tout d'un coup sa valeur ?

L'abbé Raynal suppose donc une dette où il n'y en a point ; puisque tous ceux qui ont consenti que le papier fût réduit à mesure qu'il passoit par leurs mains , ont effectivement payé une somme égale à ce que la guerre a coûté pendant cinq ans.

De plus, le papier-monnoie ayant cessé de circuler , l'or et l'argent prenant sa place, les frais de guerre que fera désormais l'Amérique , exigeront des impôts , mais coûteront réellement beaucoup moins que lorsque la dépréciation du papier avoit lieu. Mais pendant qu'on paiera des impôts , on ne souffrira pas de papier ; de même que pendant qu'on avoit du papier , on ne payoit pas d'impôts. Ainsi la chose reviendra au même , avec cet avantage pourtant , que quand on est obligé de payer des impôts, on est attentif à ses affaires, on modère ses besoins ; au lieu que la dépréciation du papier occasionne de la négligence et de la dissipation.

Plus encore, si un homme paie moins d'impôts qu'il ne perd par la dépréciation du papier, le changement est certainement à son avantage : mais s'il paie plus et que la répartition soit juste, cela prouve qu'il n'auroit pas pu soutenir la dépréciation, car elle est réellement un impôt comme les taxes ordinaires.

Il est vrai qu'on n'avoit jamais entendu ni même prévu que la dette contractée par le papier-monnoie s'éteindroit de cette manière : mais comme le papier n'a éprouvé son sort que par le consentement de tous et de chacun en particulier, les débiteurs se trouvent pleinement acquittés. Peut-être n'y eut-il jamais d'acte aussi universellement desiré et aussi volontairement exécuté. Le gouvernement ne s'en est point mêlé. Chacun diminua la valeur du papier qu'il avoit en main : car tel étoit l'effet naturel de l'augmentation du prix des marchandises qu'on acquéroit avec ce papier. Mais comme par cette réduction on éprouvoit une perte égale à celle qu'auroit occasionné une taxe pour l'acquittement du papier, on doit justement considérer cette perte comme un impôt équivalent à celui qu'on auroit pu mettre à la fin de la guerre pour cet acquittement. Qu'importe encore une fois, qu'une certaine somme de papier se réduisît à rien en vos mains, ou qu'il vous fallût payer cette même somme pour retirer du papier des mains d'un autre ?

J'insiste. Le papier-monnoie fut émis pour pouvoir subvenir aux frais de la guerre. Il a rempli cet objet sans que le public ait eu à supporter aucune autre charge. Mais supposer, comme l'ont fait quelques personnes, qu'à la fin de la guerre il eut la valeur réelle de l'or et de l'argent, c'est vouloir que la guerre nous ait procuré un bénéfice de deux cent millions de dollars au lieu de nous coûter des frais.

S'il reste encore à comprendre quelque chose, relativement au papier-monnoie, qu'on songe que la guerre qui le produisit étoit la guerre de la nation, la guerre de la patrie. Il falloit soutenir l'indépendance des Américains, assurer leurs propriétés, sauver leur pays. Le gouvernement, l'armée, le peuple ne faisoient qu'un. Dans d'autres guerres les rois peuvent perdre leur trône , leurs états : mais ici la perte tomboit sur la majesté de la nation, et sur ses propriétés qu'elle défendoit les armes à la main. Tout le monde sachant bien cela, chacun marche au combat , paie une portion des frais de la guerre, comme souverain de ses propres possessions, et s'il est vaincu, c'est un monarque qui tombe.

L'abbé Raynal dit que l'Amérique a contracté des dettes dans le temps de sa prospérité, c'est-à-dire, avant la guerre : mais quoiqu'il n'en ait pas eu l'intention, cette remarque montre la différence des avantages du commerce d'un pays indépendant, et de celui qui est dans la dépendance. Un pays qui est dans la dépendance et dont le commerce est sans cesse entravé, ne peut que perdre malgré tous les bienfaits de la paix, et il est forcé de contracter des dettes. Mais un état indépendant n'a pas besoin de crédit, même pendant la guerre. Ses magasins sont remplis de marchandises ; l'or et l'argent sont sa seule monnoie. Il n'est pas aisé de dire ce qui a produit ces changemens parmi nous. Mais ce sont des faits ; et les faits sont plus convainquans que tous les raisonnemens.

Comme il est probable que cette lettre sera publiée en Europe, les remarques que je viens de faire serviront à prouver toute la folie de la Grande-Bretagne, qui fondoit l'espoir de ses succès sur l'extinction de notre papier-monnoie. Une telle idée est si puérile, si pauvre, qu'on peut alors comparer l'Angleterre à un lion affamé, qui attend sa proie de ce qui tombe dans une toile d'araignée.

Après avoir ainsi parlé de notre papier-monnoie, l'abbé Raynal raconte l'état où se trouvoit l'Amérique dans l'hiver de 1777, et au printemps suivant; et il termine ses observations en citant le traité signé en France et les propositions du ministère britannique, auxquelles les Américains ne voulurent point entendre. Par la manière dont l'abbé Raynal a arrangé ces divers faits, il paroît qu'il est tombé dans une erreur grossière ; et il n'est pas le seul écrivain européen qui ait commis la même faute ; car chacun a attribué à une cause différente le refus des propositions du ministère anglois, et aucun d'eux n'a connu la vraie.

Dans l'hiver de 1777, et le printemps

suivant , le congrès étoit assemblé à Yorck-
Town , en Pensylvanie. Les Anglois étoient
en possession de Philadelphie , et le général
Washington étoit avec son armée , à vingt-
cinq milles, et logeoit dans des cabanes à
Vally-Forge. Tous ceux qui s'en souvien-
nent, savent que la saison étoit rigoureuse ,
mais que les Américains ne désespéroient
pas ; et voici cependant comment l'abbé
Raynal en parle.

« Une multitude de privations , ajoutées
» à tant d'autres infortunes , pouvoit en-
» gager les Américains à regretter leur pre-
» mière tranquillité , et les faire pencher
» pour un accommodement avec l'Angle-
» terre. En vain le peuple s'étoit lié au nou-
» veau gouvernement par la sainteté du
» serment et l'empire de la religion ; en vain
» avoit - on essayé de le convaincre qu'il
» étoit impossible de traiter sûrement avec
» un pays où un parlement pouvoit renver-
» ser ce que l'autre avoit établi ; en vain
» avoit-il été menacé du ressentiment éter-
» nel d'un ennemi vindicatif, il étoit pos-
» sible que ces dangers éloignés ne fussent
» pas balancés par le poids des maux pré-
» sens .

» Ainsi pensoit le ministère britannique
» quand il envoya dans le nouveau monde
» des agens publics, autorisés à offrir tout,
» excepté l'indépendance , à ces mêmes
» Américains, dont deux ans auparavant
» il exigeoit une soumission entière. Il est
» probable que si ce plan de conciliation
» avoit été proposé quelques mois plutôt, il
» auroit eu quelqu'effet : mais à l'époque
» où la cour de Londres en fit usage, il fut
» rejetté avec dédain ; parce que cette me-
» sure ne sembloit être qu'un argument de
» la peur et de la foiblesse. Le peuple étoit
» déjà rassuré. Le congrès, les généraux, les
» troupes, tous les hommes courageux et
» adroits de chaque colonie, s'étoient em-
» parés de l'autorité : tout avoit repris son
» premier esprit ; et c'étoit là l'effet du
» traité d'amitié et de commerce entre les
» États-Unis et la cour de Versailles , signé
» le 6 février 1778 ».

Je ne puis m'empêcher de remarquer à l'occasion de ce passage, qu'un des premiers devoirs de l'historien est non-seulement de bien
peindre les circonstances, mais d'en marquer exactement le temps. Quand on le néglige, on jette les lecteurs dans une confusion

sion et des méprises sans fin ; les effets sont totalement séparés de leurs véritables causes, et paroissent liés avec d'autres auxquelles ils n'ont aucun rapport.

L'abbé Raynal, en disant que les offres du ministère britannique furent rejettées avec dédain, a raison quant au fait ; mais il se trompe sur le temps, et cette erreur de temps fait qu'il se méprend sur la cause.

Le traité signé à Paris, le 6 février 1778, ne pouvoit avoir aucun effet en Amérique, jusqu'au moment où il y fut connu. Quand l'abbé Raynal dit que la rejection des offres du ministère anglois fut la conséquence de l'alliance des Américains avec la France, il donne à entendre que ce fut en conséquence de l'alliance connue en Amérique. Mais il n'en étoit pas ainsi ; et par cette erreur, non-seulement il ôte aux Américains la gloire que leur fermeté inébranlable mérita dans une situation si difficile, mais il donne injurieusement à penser que s'ils n'avoient pas eu connoissance du traité, les offres du ministère auroient probablement été acceptées. Cependant, je le répète, l'Amérique ne savoit rien du traité quand la rejection du traité eut lieu, et conséquemment elle ne le rejetta pas par cette raison.

Les propositions ou offres, dont nous parlons, étoient contenues dans deux bills que lord North présenta au parlement, le 17 février 1776. Ces bills passèrent dans l'une et l'autre chambres avec une vîtesse extraordinaire ; et avant qu'ils n'eussent éprouvé toutes les formes parlementaires, on les envoya à lord Howe et au général son frère, qui étoient en ce moment tous deux chargés des pouvoirs de l'Angleterre. Le général Howe les fit imprimer à Philadelphie, et en adressa des exemplaires, par un trompette, au général Washington, pour qu'il les fît passer au congrès à Yorck-Town, où ils furent remis le 21 avril 1778. Mais en voilà beaucoup sur l'arrivée des bills en Amérique.

Suivant son usage, le congrès nomma un comité pour examiner les bills et lui en faire le rapport. Ce rapport eut lieu dès le lendemain 22 ; on le lut, on l'approuva unanimement, et on l'imprima dans le journal du congrès, afin que tout le monde en prît connoissance. Ce rapport doit être la rejection dont parle l'abbé Raynal ; car le con-

grès ne publia point le détail de ses opinions. Mais les commissaires anglois s'étant
encore adressés à lui, par une lettre écrite
le 27 mai, et reçue à Yorck-Town le 6
juin, le congrès dans sa réponse se référa
à la résolution qu'il avoit publiée le 22
avril.

Le 2 mai, c'est-à-dire, onze jours après la
rejection, le traité entre la France et les
États-Unis arriva à Yorck-Town; et il est
certain que jusqu'à ce moment le congrès
n'en avoit pas la moindre idée. Mais de peur
que ce que je dis ici ne passe pour une simple assertion, je vais donner des preuves à
l'appui; car c'est un point très-important
de notre révolution. Il sert à montrer que
dès l'instant où nous eûmes déclaré notre
indépendance, quelque fâcheuse, quelque dure que fût notre situation, jamais
rien ne nous fit songer à rentrer sous le joug.
Le malheur, la force, l'artifice, les exhorta-
tions furent inutiles. Cette preuve est d'autant plus utile, que le système du ministère
britannique étoit alors comme il a été avant
et depuis, de montrer aux puissances de
l'Europe que l'Amérique étoit incertaine
dans sa résolution et dans sa politique; es-

pérant sans doute, par ce moyen, nous perdre de réputation en Europe , et affoiblir la confiance que ces puissances étoient disposées à nous accorder.

Dans ce temps-là, j'étois secrétaire au département des affaires étrangères du congrès. Toutes les lettres politiques des commissaires du parlement restoient en mes mains ; et toutes celles que le congrès écrivoit officiellement sortoient de mon bureau. Le congrès savoit si peu que le traité de Paris étoit signé, quand il rejetta les offres des ministres anglois, qu'il y avoit au moins un an qu'il n'avoit pas reçu un seul mot de ses agens à Paris : probablement que la perte de Philadelphie et de la navigation de la Delaware , ainsi que le danger qu'on couroit sur des mers couvertes de corsaires anglois, occasionna ce retard.

Il est vrai qu'il étoit arrivé un paquebot à Yorck-Town , au mois de janvier précédent, c'est-à-dire, environ trois mois avant l'arrivée du traité : mais, chose singulière! on avoit pris toutes les lettres et mis du papier blanc à la place, avant de mettre la malle à bord du vaisseau qui l'apporta de France.

Après avoir bien marqué le temps où les propositions des commissaires britanniques furent faites pour la première fois, ainsi que le temps où le traité d'alliance arriva ; après avoir montré que la rejection du premier précéda de onze jours l'arrivée du second, et qu'alors on n'avoit pas la plus légère notion de ce qui devoit arriver, la rejection doit être véritablement attribuée à ces ressentimens constans, inébranlables que les Américains avoient contre leur ennemi, et à la résolution dans laquelle ils étoient de faire tous les efforts possibles pour soutenir leur indépendance. Et il faut bien se garder d'imputer leur courage à une circonstance favorable, qu'alors ils ne connoissoient ni ne pouvoient connoître.

En outre, on trouve dans le langage de la rejection une vigueur et un esprit de défiance, qui, s'étant manifestés avant la connoissance du traité d'alliance, fait le plus grand honneur aux Américains ; car ce qui dans la détresse est la preuve d'un vrai courage, devient de l'insolence dans la prospérité ; et le traité d'alliance mettoit l'Amérique dans un tel état de force, que s'il eût été connu, la réponse des Américains eût plutôt eu l'air d'un triomphe insultant , que l'effet d'une intrépidité calme.

En un mot, l'abbé Raynal semble avoir mal entendu tout cela; autrement, au lieu d'attribuer la rejection des offres britanniques à *notre connoissance* du traité signé avec la France , il eût dit que c'étoient les Anglois qui n'avoient fait ces offres que parce qu'ils connoissoient ce traité. Voilà pourquoi ils furent si pressés de se rendre en Amérique , avant même que les bills eussent été soumis à toutes les formalités qui en font des actes. On vouloit qu'ils eussent l'avantage d'arriver en Amérique , avant qu'on y eût reçu la nouvelle du traité ; et en cela on réussit parfaitement : mais il en fut autrement des propositions qu'on fit ; elles eurent le sort qu'elles méritoient si bien.

Les dates seules prouvent que les bills ne furent présentés au parlement qu'après la signature du traité de Paris ; car cette signature est du 6 février, et les bills sont du 17. Le discours que prononça alors Charles Fox, prouve également que le traité étoit connu

au parlement ; car il en fit mention et defia
le ministre de nier le fait (1).

***

En Congrès, le 22 avril 1778.

(1) « Le comité auquel a été renvoyé la lettre du
général Howe, du 18 courant, renfermant un certain
papier envoyé de Philadelphie, qu'on prétend être la
copie d'un bill du parlement de la Grande-Bretagne,
par lequel ce parlement déclare ses intentions relativement à l'*exercice* de ce qu'il appelle son *droit* d'imposer des taxes aux Etats-Unis ; ainsi que d'un autre
bill, où ce même parlement autorise le roi de la Grande-
Bretagne à envoyer des commissaires en Amérique avec
pouvoir de traiter, consulter, et s'accorder sur les
moyens d'appaiser certains troubles dans lesdits Etats ;
Le comité observe :

» Que ledit papier ayant été artificieusement répandu
par les émissaires de l'ennemi , avec un air de secret et
de partialité, il est nécessaire de le faire imprimer,
pour que le public le connoisse d'une manière authentique.

» Le comité ne peut assurer si ce que contient ce
papier a été fabriqué à Philadelphie, ou si c'est l'ouvrage du parlement Britannique ; encore moins s'il doit
réellement être présenté à ce parlement, et si ledit
parlement voudra lui donner le caractère ordinaire de
ses loix. Mais le comité pense pourtant que cela pourra
arriver, par les raisons suivantes :

D 4

Mais si je ne suis point étonné de voir l'abbé Raynal se tromper sur des choses qui

---

» Premièrement, le général anglois a fait, pendant l'hiver dernier, quelques foibles efforts pour mettre sur pied une espèce de traité, quoique par une fausse idée de sa propre importance, par défaut d'iuformations ou par quelqu'autre cause, il ne se soit pas adressé à ceux qui étoient revêtus d'une autorité nécessaire.

» 2°. Parce que les Anglois supposent que l'idée trompeuse d'une cessation d'hostilités, seroit cause que ces états mettroient de la négligence à se préparer à la guerre.

» 3°. Parce que croyant les Américains fatigués de la guerre, ils les trouveront prêts à accéder à toutes leurs propositions de paix.

» 4°. Parce qu'ils s'imaginent que nos négociations peuvent être sujettes à une influence corruptrice comme les leurs.

» 5°. Parce qu'ils attendent, de cette démarche, le même effet que de ce qu'un de leurs ministres appelloit *sa motion conciliatoire*; c'est-à-dire, qu'elle empêchera les puissances étrangères à donner des secours aux Etats-Unis; que par ce moyen leurs propres sujets pourront faire durer plus long-temps la guerre; et qu'enfin, elle détachera quelques Américains foibles de la cause de la liberté et de la vertu.

» 6°. Parce que leur roi montre qu'il a raison d'appréhender que ses flottes et ses armées, au lieu de pouvoir continuer à être employées contre notre terri-

se sont passées si loin de lui, je le suis beaucoup quand il se dévoie, comme je le crois,

---

toire, seront nécessaires à la défense de ses propres
états.

» 7°. Parce que l'impossibilité de réduire ces contrées par la force des armes, devenant de jour en jour
plus sensible, les Anglois ont besoin de se délivrer de
cette guerre à quelque prix que ce soit.

» Le comité observe encore, qu'en supposant que le
contenu de ce papier soit réellement admis au parlement,
il sert à prouver et la foiblesse et la perfidie de nos ennemis.

» LEUR FOIBLESSE :

» 1°. Parce qu'ils avoient d'abord déclaré que non-
seulement ils avoient droit de lier les habitans de
l'Amérique, dans quelque cas que ce pût être, mais
encore qu'il falloit que lesdits habitans fussent absolument, et sans aucune condition, soumis à l'exercice de
ce droit; ils ont même tenté d'obtenir cette soumission
par l'épée : mais leur changement, dans ces circonstances, prouve absolument qu'ils manquent de force.

» 2°. Parce que leur prince a jusqu'à présent rejetté
les plus humbles pétitions des représentans de l'Amérique, lorsqu'ils prioient qu'il les regardât comme ses
sujets, et qu'ils demandoient la paix, la liberté et la
sûreté; parce qu'il leur a fait la guerre la plus cruelle,
et employé les sauvages à massacrer des femmes inno-
centes et des enfans. Mais à présent, ce même prince

dans le champ brillant des réflexions phi-losophiques. Là, les matériaux sont à lui :

---

prétend traiter avec ces représentans, et accorder aux armes ce qu'il a refusé à la prière.

» 3°. Parce qu'ils ont constamment travaillé à conquérir ce continent, rejettant toute idée d'accommodement, pendant qu'ils avoient confiance en leur force. Mais leur changement à notre égard prouve qu'ils ont perdu cette confiance.

» 4°. Parce que non-seulement le langage des ministres, mais le style des actes les plus connus et les plus authentiques de leur nation, annonçoient qu'il étoit au-dessous de leur dignité de traiter avec l'Amérique, tandis qu'elle auroit les armes à la main ; et cependant aujourd'hui on vient nous offrir de traiter.

» La méchanceté, la perfidie de nos ennemis, est démontrée par les considérations suivantes.

» 1°. Les bills qu'on nous présente, contiennent l'abandon direct ou indirect d'une partie de leurs prétentions, ou ils ne le contiennent pas. S'ils le contiennent, ils reconnoissent qu'ils ont sacrifié un grand nombre de braves gens dans une querelle injuste ; s'ils ne le contiennent pas, ils sont fabriqués pour décevoir l'Amérique, et la conduire à des conditions auxquelles ni les raisonnemens avant la guerre, ni la force depuis n'ont pu la faire consentir.

» 2°. Le premier de ces bills semble, par son titre, être une déclaration des intentions du parlement, concernant l'*exercice du droit* de mettre des impôts en

il les crée ; et s'il commet quelqu'erreur,
c'est la faute de son esprit.

***

Amérique. Aussi si les états traitoient conformément à
ce bill, ils avoueroient indirectement que le parlement
a le droit de les imposer ; et ce n'est que pour obtenir
cet aveu que le parlement a entrepris la guerre.

» 3°. Si nous acquiescions à ce droit prétendu, le
parlement pourroit l'exercer dès qu'il en auroit la fantaisie ; car on peut compter d'après tout ce qui a eu lieu,
que les Anglois agiront toujours conformément à leurs
premières intentions.

» 4°. Le premier bill ne contient rien de neuf.
Il n'est qu'une copie de la motion dont nous avons parlé
plus haut, et on peut faire contre lui les mêmes
objections qui ont été faites contre la motion. Il n'y a
qu'une seule différence que voici : c'est que par la
motion, les taxes devoient être suspendues, aussi long-
temps que l'Amérique payeroit volontairement ce que
le parlement jugeroit convenable ; et par le bill proposé, les taxes seront suspendues aussi long-temps que
les parlemens subséquens penseront comme celui-ci.

» 5°. Par le second bill, il paroît que le roi d'Angleterre
peut charger des commissaires de traiter et s'accorder
avec qui il leur plaira, sur plusieurs choses qui y sont
mentionnées. Mais ces traités, ces accords, n'auront
aucune valeur sans la sanction du parlement, excepté
en ce qui concerne la cessation des hostilités, l'accord
des pardons, et la nomination de gouverneurs pour ces
états libres, et dépendans et souverains.

Jusqu'à présent mes remarques ont été bornées à des faits : j'ai montré l'ordre dans

---

» 6°. Ledit bill en faisant mention de pardons, semble annoncer que notre juste résistance est criminelle. Ainsi traiter d'après ce bill, seroit reconnoître que les habitans de ces états méritent le nom de rebelles, que la Grande-Bretagne leur a donné.

» 7°. Les habitans de ces états étant appellés *sujets*, par le parlement, ils doivent juger d'après la négociation qu'on veut mettre actuellement sur pied, si par la suite ils ne seroient pas soumis à toutes les loix qu'il lui plairoit de faire. On ne doit pas douter que tout ce qu'on inséreroit dans cette négociation, ne fût rappellé au besoin.

» 8°. Parce que le bill dit que les commissaires anglois peuvent traiter particulièrement avec tous les individus, mesure attentatoire à la dignité du caractère national.

» D'après tout cela, il paroît évident à votre comité que ces bills ont été faits, parce qu'on a compté sur des craintes de la part du bon peuple de ces états, qu'on a espéré le diviser, et produire une défection à la cause commune, qui, par le secours de la divine providence, est enfin au moment de triompher. Ces bills sont une suite de ces plans insidieux qui, depuis la promulgation de l'acte du timbre jusqu'à ce jour, ont troublé et ensanglanté ces contrées. Ils montrent d'ailleurs que si les circonstances forcent le ministère et le parlement britannique de se relâcher de leurs injustes prétentions,

lequel ils ont eu lieu, et les conséquences qu'ils
ont produits. Plus à portée d'être instruit

---

il n'est pas douteux qu'à la première occasion favorable,
ils déployeront encore cette ardeur de domination qui
a déchiré le puissant empire de la Grande-Bretagne.

» L'opinion du comité sur tous ces objets, est que,
dans cette contestation difficile, les Américains étant
unis par les principes d'un intérêt commun, et pour la
défense de leurs droits et privilèges, et que leur union
ayant été cimentée par les maux qu'ils ont soufferts
ensemble, et par une réciprocité de services et d'affection,
la grande cause pour laquelle ils combattent et qui
intéresse tout le genre humain, doit avoir un plein
succès, par la durée de cette union. Nous pensons aussi
que tout homme, ou assemblée d'hommes, qui oseroit
se séparer et traiter particulièrement avec les commissaires de la couronne de la Grande-Bretagne, ou un
seul d'entr'eux, devroit être considéré et traité comme
un ennemi déclaré des Etats-Unis.

» De plus, l'opinion de votre comité est encore que les
Etats-Unis ne peuvent convenablement faire aucun
traité, ni avoir aucune conférence avec les commissaires britanniques, que l'Angleterre n'ait préalablement
retiré ses flottes et ses armées, ou autrement reconnu
en termes positifs, l'indépendance des Etats-Unis.

» Enfin, comme il paroît que l'intention des ennemis
de ces Etats est de les plonger dans le sommeil d'une
funeste sécurité, afin de pouvoir agir contre eux avec
avantage ; l'opinion du comité est qu'on doit avoir

que l'abbé Raynal, j'ai eu une tâche aisée.
J'ai bien moins de confiance en moi-même,

---

averti plusieurs Etats de faire tous leurs efforts pour faire entrer en campagne, le plutôt possible, leur contingent de troupes, et pour que l'armée continentale soit en état de combattre dès que l'occasion l'exigera.

» Voici à présent la réponse que fit le président du Congrès à la seconde lettre des commissaires.

A Yorck-Town, le 6 juin 1778.

M O N S I E U R,

» J'ai eu l'honneur de mettre sous les yeux du Congrès votre lettre du 3 courant, ainsi que les actes du parlement britannique qu'elle renfermoit. Je suis chargé de vous répondre, que le Congrès a déjà exprimé ses sentimens sur des bills, qui ne différoient pas essentiellement de ces actes, dans les papiers qu'il a fait publier le 22 avril dernier.

» Soyez certain, Monsieur, que quand le roi de la Grande-Bretagne sera sérieusement disposé à mettre fin à la guerre cruelle et non provoquée, qu'il fait aux Etats-Unis, le Congrès adhérera aisément aux termes d'une paix qui convienne à l'honneur d'une nation indépendante, aux intérêts de ses constituans, et au respect sacré qu'on doit aux traités ».

J'ai l'honneur, etc.

Henri Lawrens, président du Congrès.

A son excellence Sir Henri Clinton, C. B.

A Philadelphie.

quand il s'agit de combattre les sentimens et les opinions d'un écrivain que l'âge, l'expérience , une réputation bien établie , ont placé au premier rang. Mais comme j'ai été à portée de faire des observations contraires aux siennes , je crois ne pas devoir les passer sous silence.

Dans toute cette partie de l'ouvrage de l'abbé Raynal , j'ai trouvé plusieurs expressions qui me paroissent plus tenir du cinisme que de la vraie philosophie. Elles sont du moins placées de manière à perdre ce mérite qui distingue les autres parties de l'ouvrage de l'abbé Raynal. Cet auteur ayant conduit sa narration jusqu'à l'époque où le traité d'alliance entre la France et les États-Unis fut signé, continue par ces réflexions.

« En un mot, dit-il, la philosophie, dont le
» premier sentiment est le desir de voir tous
» les gouvernemens justes et tous les peuples
» heureux , en jettant les yeux sur l'alliance
» d'une monarchie avec un peuple qui dé-
» fend sa liberté , *est curieuse de connoître*
» *ses motifs ; et elle voit tout d'un coup*
» *trop clairement que le bonheur du genre*
» *humain n'y a point de part* ».

Il importe fort peu de savoir quelle étoit l'humeur de l'abbé Raynal quand il écrivit ce passage : cela ne pourroit rien ajouter ni à la valeur de son opinion, ni à son défaut. Si elle est bonne, il n'a pas besoin d'éloges ; si elle est mauvaise, le mérite de l'auteur ne l'excuse pas. Lancée dans le monde comme une idée philosophique, elle doit être discutée sans aucun égard pour le nom de celui qui l'a produite.

Elle semble l'effet d'une ingénuité plus curieuse qu'utile. L'homme veut être, en quelque sorte, le conseiller secret du destin, ou les choses ne vont pas tout-à-fait bien. Il veut connoître les causes de tout, les pourquoi, les comment, ou bien il est mécontent. J'ignore si c'est un crime, ou une simple bizarrerie attachée à la foiblesse humaine : mais je reviens au passage de l'abbé Raynal.

Ce sont moins les motifs de l'alliance des Américains avec la France, que les conséquences qu'elle a eues, qui doivent fournir matière à des idées philosophiques. Les uns nous conduisent dans la caverne ténébreuse du secret, où l'on ne peut appercevoir que peu de chose, et où l'on peut se méprendre

sur

sur tout ce qu'on apperçoit : mais les autres nous ouvrent le champ des réflexions ; et là on contemple l'étendue de biens prêts à éclore, et de prospérités naissantes.

Mais la manière dont l'abbé Raynal s'exprime, même dans le sens qu'il veut donner à ses expressions, me semble répréhensible; car il avance une chose qu'aucun homme n'a droit d'avancer. Qui est-ce qui peut dire que le bonheur du genre humain n'entre pour rien dans les motifs de l'alliance des François et des Américains ? Pour avancer une pareille assertion, il faudroit connoître à fond l'ame des parties contractantes, et être sûr qu'elles avoient d'autres motifs que ceux qu'on leur dénie.

A mesure qu'on contemple l'indépendance de l'Amérique, on voit que les avantages qui en résultent pour les Américains même, et tous ceux qu'elle promet au genre humain, croissent tous les jours. Elle n'est pas seulement un bien pour la génération présente, mais une source éternelle de bonheur que la postérité sentira mieux que nous. Les Américains avoient prévu cela ; et ce fut le vrai motif qui les engagea à proposer et à conclure leur alliance avec la nation françoise. Ainsi l'abbé Raynal se trompe relativement à nous.

La France se trouvoit dans une position différente de l'Amérique. Elle n'étoit point dans la nécessité de chercher des amis. Ainsi tout annonce qu'en devenant notre alliée, elle n'avoit que de bonnes intentions. Elle trouvoit d'abord dans cette alliance une foule d'avantages pour elle même. Elle diminuoit la puissance d'un ennemi dont elle ne vouloit pourtant ni la perte, ni le malheur, et elle s'assuroit un nouvel ami en se liguant à un pays accablé d'infortunes. La première pensée qui nous porte à agir de cette manière, quoiqu'ensuite la politique y entre pour quelque chose, est toujours une pensée généreuse. Pour que nous nous mêlions d'une chose bonne ou mauvaise, il faut qu'il y ait en nous un certain rapport avec elle. On ne peut pas s'attacher à une mauvaise cause par un bon motif, non plus qu'à une bonne par un mauvais ; et comme personne n'agit sans motifs, il est certain que, comme en cette occasion, la France n'en pouvant avoir de mauvais, il falloit que ceux qu'elle avoit fussent bons. Mais l'abbé Raynal a une autre manière de raisonner. Il ne procède point par gradation ; il franchit tout d'un coup les intervalles, et ne voyant pas d'a-bord le bien, il conclut qu'il ne peut pas y en avoir.

Des mauvais motifs, il est vrai, peuvent jusqu'à un certain point, engager à soutenir une bonne cause : mais cela ne va pas loin, et il en est tout autrement de la France. Quand on a des motifs pervers en poursuivant un projet juste, ce projet corrige les motifs, ou les motifs souillent le projet; autrement les choses ne peuvent pas bien aller, et on y renonce. C'est ce rapport si naturel, et si rarement distingué, qui est la véritable cause de la fidélité ou de la défection. Chaque projet que l'esprit conçoit est pour lui une espèce de maitresse. Que l'esprit soit bon ou mauvais, si son projet a de l'analogie avec lui, il s'y attache : mais dans le cas contraire, s'il n'y a point de changement dans l'un ou dans l'autre, le dégoût suit bientôt, et l'alliance est détruite.

Quand la cause de l'Amérique commença à être connue, beaucoup de gens vinrent lui faire la cour, et en style d'aventuriers et de chercheurs de fortune, l'assurèrent de leur attachement et de leur fidélité. Ils la louoient hautement, et montroient avec ostentation le desir de la servir. Tout retentissoit de leur zèle pour sa défense, et de leur colère contre ses ennemis. Ils ressembloient véritablement à des amans passionnés. Mais hélas! ce n'étoit que des chercheurs de fortune. Leur espoir étoit excité, mais leurs ames restoient insensibles ; et voyant bientôt qu'elle ne leur convenoit pas, et ne pouvant pas être changés par elle, ils cessèrent leur poursuite, et souvent la trahirent.

D'autres commencèrent par la voir avec indifférence ; et ne connoissant pas son caractère, ils craignoient ses liaisons. Ils croyoient que sous le beau nom de liberté elle pouvoit avoir la figure hideuse de l'anarchie, ou du monstre ténébreux du despotisme. Ils ne savoient point, enfin, ce qu'elle étoit; ils ignoroient si sa beauté apparente étoit une beauté réelle. On la soupçonnoit ; et quoique née parmi nous, elle avoit l'air d'une étrangère.

Mais, tantôt par hasard, tantôt par curiosité, ces gens méfians firent connoissance avec elle. Ils se hasardèrent à la regarder: ils eurent même envie de lui adresser la paole. Une première démarche en entraîna une seconde. Les soupçons s'évanouirent : un changement d'opinion se manifesta par degrés. Ces personnes n'ayant point d'intérêt particulier, ni d'intentions malhonnêtes, devinrent amoureuses de son innocence ; et sans être découragées par ses malheurs, ni jalouses de ses succès, elles partagèrent avec fidélité les vissicitudes de son sort.

L'assertion de l'abbé Raynal m'a engagé presque malgré moi dans une suite de raisonnemens métaphysiques ; mais c'étoit sans doute le meilleur moyen de l'attaquer. Opposer la présomption à la présomption, les assertions aux assertions, produit toujours un mauvais effet. J'ai donc cru qu'il falloit démontrer clairement que ce qu'avance l'abbé Raynal est contraire à la marche naturelle de nos sentimens, et à l'influence qu'ils ont sur notre conduite.

Je vais maintenant suivre une autre méthode, et prouver que ce sont moins les motifs de l'alliance des Américains avec la France, que les conséquences qu'elle peut avoir, qui doivent ouvrir un champ aux méditations philosophiques.

J'ai observé dans une autre brochure, que le cercle de la civilisation est encore incomplet. Une réciprocité de besoins a engagé les individus de chaque pays à se rapprocher, à se former en corps de nation, et c'est-là que se sont arrêtés les progrès de l'art social. Il est aisé de voir que les nations, malgré le droit des gens, que chacun entend et explique à sa fantaisie, sont encore entr'elles comme des individus dans l'état de nature. Elles n'ont aucun principe fixe, aucune loi qui puisse les contraindre : chacune fait librement ce qui lui plaît ou ce qu'elle peut.

S'il étoit possible que nous eussions connu le monde dans son état de barbarie primitive, nous en aurions sans doute conclu que jamais on n'y verroit l'ordre qui y règne maintenant. L'esprit individuel étoit plus difficile, sinon davantage, à se prêter à la sociabilité, que ne l'est maintenant l'esprit national. Cependant nous avons vu le succès de l'un : pourquoi douter de celui de l'autre ?

Certes, les nations sont plus propres aujourd'hui à former une civilisation complette, c'est-à-dire, une association parfaite entr'elles, que ne l'étoient d'abord des individus qui n'avoient aucune liaison. On

peut comparer cela à une machine quelconque, dont il est plus aisé d'assembler
les diverses parties quand elles sont taillées,
que de les tirer de la matière brute avec
laquelle on les a faites. L'état actuel du
monde, si différent de ce qu'il étoit dans
son origine, a fait naître dans nos ames
des idées dont elles ne paroissoient pas
capables. Les besoins qu'un individu avoit
des autres qui ont d'abord produit la société, sont aujourd'hui augmentés des
besoins qu'on a d'une autre nation, et il
faut aller chercher dans des pays étrangers,
ce qu'on trouvoit auparavant chez son
voisin.

Les lettres ont fait faire aux diverses
nations une espèce de connoissance, et leur
utile extension occasionne chaque jour de
nouvelles amitiés. Par leur moyen, les peuples les plus éloignés peuvent converser
ensemble, et perdent insensiblement l'am-
barras, la défiance que les étrangers s'inspirent naturellement ; ils apprennent à s'entendre et à se connoître. La science, qui
n'est point l'esclave d'une nation, mais la
bienfaisante protectrice de toutes, a généreusement ouvert un temple où toutes peu-

vent se réunir. Son influence sur nos ames, semblable à celle qu'a le soleil sur une terre gelée, les prépare dès long-temps à une meilleure culture et à un plus heureux perfectionnement. Le philosophe d'un pays ne peut voir un ennemi dans le philosophe d'une nation étrangère. Il prend sa place dans le temple des sciences, sans demander qui est-ce qui s'assied à côté de lui.

Cet état est bien différent de celui du monde, lorsqu'il étoit encore barbare. Alors les besoins de l'homme étoient bornés et à sa portée. Tant qu'il eut de quoi se satisfaire, il vécut dans l'indépendance et l'insociabilité. Les nations ont long-temps fait comme les individus. Elles se querelloient tantôt pour conserver ce qu'elles avoient, tantôt pour obtenir ce qu'elles n'avoient pas. Le monde n'avoit alors ni affaires à suivre, ni études propres à exercer l'ame. Le temps des hommes étoit partagé entre la paresse et la fatigue. La chasse et la guerre étoient leurs principales occupations, manger et dormir leur plus douce jouissance.

Maintenant les choses sont bien différentes. Les changemens dans la manière de vivre ont rendu le travail indispensable. On est forcé de faire une foule innombrable de choses, dont autrefois on n'avoit pas la moindre idée. Au lieu de placer la grandeur dans les triomphes brutaux des sauvages, nous étudions les arts, les sciences, l'agriculture, le commerce, la politesse, les vrais principes de la société et la philosophie.

Il est beaucoup de choses qui en elles-mêmes, ne sont moralement ni bonnes, ni mauvaises; mais dont les conséquences peuvent être très-avantageuses ou très-funestes. Tel est le commerce; moralement indifférent, il a une influence considérable sur notre caractère. Ce fut le manque d'occupation des anciens peuples, qui leur occasionna tant de guerres. Le temps leur pesoit, parce qu'ils ne savoient pas l'employer. L'oisiveté dans laquelle ils vivoient, leur donnoit le loisir de songer au mal, et se trouvant tous désœuvrés et avec les mêmes inclinations, ils étoient aisément portés à se battre.

Mais le commerce procura bientôt aux peuples une foule d'objets qui les intéressèrent, et qui fournirent à chaque homme quelque chose à penser ou quelque chose à faire. Dès-lors son attention fut insensiblement détournée des idées que fait naître l'oisiveté. Et il trafiqua avec les mêmes contrées, dont auparavant les productions le tentoient, pour lesquelles il faisoit la guerre, parce que sa paresse ne lui permettoit pas de les acheter.

Le monde étant donc matériellement changé par l'influence des sciences et du commerce, il se trouve dans le cas, non-seulement de recevoir, mais de desirer une extension de civilisation. Le principal et presque le seul ennemi qui s'y oppose, est le préjugé; car d'ailleurs, il est évident que l'intérêt général des hommes est de s'accorder et de vivre bien ensemble.

Le monde est séparé en divers états, dont les limites sont bien connues. L'idée des conquêtes qui animoit les Grecs et les Romains, ne doit plus à présent exister; et l'expérience a montré quelle étoit la folie de faire la guerre dans l'espoir du profit. En un mot, les motifs qui peuvent faire prendre les armes sont fort restreints; et il ne reste presque plus de sujets de querelle, si ce n'est ceux qu'enfante ce démon qu'on nomme *préjugé*, et qui rend souvent l'homme furieux et intraitable.

Il y a quelque chose de très-curieux dans l'essence du préjugé et dans sa manière d'influer sur nous. Il a la singulière propriété de se plier à tous les caractères de notre ame. Certaines passions , certains vices mêmes ne sont parsemés que rarement dans le monde, et on se livre peu à leurs impulsions. Mais le préjugé, semblable à l'araignée, trouve le moyen de se loger partout, et n'a de préférence pour aucun lieu particulier. L'araignée vit par-tout, excepté dans l'eau et dans le feu. Eh bien! laissez votre ame nue comme les murailles d'une maison démeublée , et triste comme une prison , ou bien ornez-la des plus riches connoissances; tenez-la chaude ou froide, claire ou ténébreuse, solitaire ou fréquentée ; si vous n'y prenez bien garde, le préjugé s'y glissera et y croîtra bien , quoiqu'il semble n'y avoir rien pour le nourrir. Si l'araignée empoisonne sa proie pour la dévorer, le préjugé fait de même. Et comme plusieurs passions sont distinguées par leur ressemblance avec le caractère de certains animaux , on peut appeller le préjugé , l'araignée de l'ame.

Peut-être n'y a-t-il jamais eu deux événemens aussi puissamment combinés pour combattre et chasser le préjugé, que la révolution d'Amérique et la révolution de France. Leurs effets sont sentis, et leur influence s'étend à la fois dans l'ancien monde et dans le nouveau. Notre style, notre façon même, ont éprouvé une révolution plus extraordinaire que la révolution politique du pays. Nous avons d'autres yeux pour voir, d'autres oreilles pour entendre ; nous concevons enfin des idées différentes de celles qui nous occupoient jadis. Nous regardons nos anciens préjugés comme s'ils appartenoient à quelqu'autre peuple ; nous voyons du moins que ce sont des préjugés, et rien de plus ; et délivrés de leurs entraves nous jouissons d'une liberté d'ame que nous ne pouvions pas connoître auparavant. Sans la révolution d'Amérique et l'alliance de la France, les argumens les plus puissans, les raisonnemens les plus ingénieux n'auroient pas pu produire ce changement i nécessaire pour reculer les bornes de l'esprit et accroître la cordialité des peuples.

Si l'Amérique s'étoit séparée tranquillement de la Grande-Bretagne, il n'y auroit

eu aucun changement moral bien remarquable. Les mêmes actions, les mêmes préjugés, les mêmes pensées auroient continué
à gouverner les deux nations ; et les Américains toujours esclaves de l'erreur et de
l'éducation, auroient suivi le sentier battu
des idées vulgaires. Mais emportés par les
moyens dont nous avons parlé, pensant
comme ils le doivent d'eux-mêmes, de la
France et de l'Angleterre, ils voient chaque
coin de leur ame débarrassé de ses toiles
d'araignée, du poison et de la pous-
sière, et devenir digne d'un bonheur généreux.

Peut-être il n'y a jamais eu d'alliance
fondée sur une plus grande base que celle
de la France et de l'Amérique, et peut-être
ses progrès sont-ils dignes de ses fondemens. Les deux pays avoient été ennemis,
non pas pour eux-mêmes, mais à cause de
l'Angleterre. L'intérêt de cette dernière puissance et le soin qu'elle avoit d'armer les
Américains contre la France, étoit l'unique
sujet de querelle qu'il y eût entre la France
et l'Amérique.

Les Américains éloignés du reste du
monde, le connoissant fort peu et nourris

dans tous les préjugés qui gouvernoient ceux par qui ils étoient gouvernés, consi-déroient comme un devoir d'agir selon leur coutume. Alors ils se prodiguoient pour faire des conquêtes, non pour eux-mêmes, mais pour leurs maîtres, qui en revanche les traitoient en vrais esclaves.

La longue suite d'une insolente dureté, et la séparation occasionnée par le com-mencement des hostilités à Lexington, le 19 avril 1775, produisirent naturellement une nouvelle disposition dans les idées des Américains. Leur ame en se fermant du côté de l'Angleterre, s'ouvrit vers le reste du monde; et quoique nous fussions moins attentifs à nos préjugés qu'à nos malheurs, ils excitèrent aussi nos réflexions, et nous les trouvâmes aussi contraires à la raison et à la bienséance, que l'oppression sous la-quelle nous avions si long-temps gémi l'étoit à nos droits civils et politiques.

Tandis que nous avancions par degrés dans le vaste champ de l'humanité, nous conclûmes une alliance avec les François; alliance qui n'est point fondée sur les foibles intérêts d'un jour, mais sur les bases de la justice et de la générosité et avec des avantages mutuels. La manière aisée et remplie d'affection avec laquelle nous avons depuis communiqué ensemble , prouve que ce n'est point une alliance de *cours* , mais bien de nations. Il y a désormais entre nous une union de pensées comme d'intérêts , et nos cœurs ainsi que notre prospérité en assurent la durée.

Le peuple Anglois n'ayant point éprouvé un pareil changement ne peut en avoir d'idée. Il garde dans le cœur les mêmes préjugés que nous foulons à nos pieds ; et il s'imagine conserver ses liaisons avec l'Amérique , par cette manière de penser bornée , que l'Amérique a appris à dédaigner. Nous méprisons ce qui l'enorgueillit , et c'est là pourquoi toutes ses négociations ont manqué. Les Américains sont devenus réellement un autre peuple ; ils ne rétrograderont pas vers l'ignorance et le préjugé. L'ame une fois éclairée , ne peut plus admettre les ténèbres. Il n'y a pas enfin de possibilité , il n'y a pas même de terme qui exprime qu'on ne sache pas ce qu'on sait. Aussi toutes les tentatives de l'Angleterre , fondées sur les premières habitudes des Américains , et sur l'espoir de les voir retourner à ces habitudes , auront le même effet que si elle vouloit persuader à un homme qui voit bien de devenir aveugle, ou bien à un homme d'esprit de n'être qu'un sot. La première chose est contre nature, la seconde impossible.

Quant à la remarque de l'abbé Raynal, sur ce qu'un pays étant une monarchie, l'autre une république, il ne peut pas y avoir entre eux des rapports essentiels : la forme des gouvernemens ne fait rien aux traités. L'une se borne sévèrement à l'administration intérieure, l'autre, règle son administration au dehors; et tant que deux nations sont fidelles à leurs engagemens, l'une n'a pas plus de droit de demander à l'autre compte de ses affaires domestiques, que nous n'en avons de nous mêler des intérêts particuliers d'une famille.

Si l'abbé Raynal avoit réfléchi un moment, il auroit vu que les cours ou les gouvernemens de tous les pays, quelle que soit leur forme, sont réellement l'un par rapport à l'autre des républiques. C'est là le premier principe des alliances. L'ancienneté peut donner la préséance; le pouvoir donne naturellement la considération; mais les nations qui s'allient ont toujours un droit égal.

Il

Il est bon de remarquer que l'alliance d'une république ne peut jamais nuire au bonheur d'une monarchie ; et que les gouvernemens républicains n'ont jamais été détruits par leurs rapports extérieurs, mais bien par des factions, des machinations intérieures. Il y a plus de deux cents ans que la France est l'alliée de la république des Suisses ; et cependant la Suisse conserve sa première forme de gouvernement, comme si elle n'avoit jamais eu d'alliance qu'avec d'autres républiques. La remarque de l'abbé Raynal se réduit donc à rien.

D'ailleurs n'est-il pas avantageux que les nations s'allient ? Il y a toujours quelque chose à apprendre, soit pour le perfectionnement des mœurs, soit pour les principes politiques. C'est par une communication franche, que, sans entrer dans les affaires domestiques, l'amitié peut s'étendre et le préjugé être détruit sur toute la surface du globe.

Mais malgré tout ce que l'abbé Raynal dit de son amour pour la liberté, il paroît quelquefois l'oublier, ou bien sa théorie est plutôt le fruit de son imagination que de son jugement ; car dans le même instant où il critique l'alliance de la France et des

Américains, comme n'étant pas assez bien combinée pour le bonheur du genre humain, il accuse la France d'avoir agi trop généreusement et avec trop peu de réserve en formant cette alliance. —— « Pourquoi, dit-
» il, en parlant de la cour de France,
» pourquoi se lier elle-même dans un traité
» inconsidéré, et accorder si aisément au
» Congrès des conditions qu'il auroit de-
» mandées par des supplications régulières,
» si on l'avoit tenu dans la dépendance ? »

Quand un auteur entreprend de parler du bonheur public, il doit être bien certain de ne pas prendre sa passion pour un droit, ni ses caprices pour des principes. Les principes, ainsi que la vérité, n'ont pas besoin qu'on emploie l'adresse pour les présenter. Ils veulent toujours paroître de la manière la plus simple. Mais lorsqu'on agit différemment, chaque page d'un livre exige qu'on s'en défie, qu'on l'examine, qu'on la discute avec la plus grande attention,

Je suis encore étonné de ce passage de l'abbé Raynal. Il ne signifie rien ou il annonce une mauvaise intention ; et dans tous les cas, il montre la différence qu'il y a entre la science pratique et la science spéculative. Selon l'abbé Raynal, ce traité ne doit être fondé sur l'affection, ni avoir une longue durée. Il auroit fallu que notre alliance fût terminée à la fin de la guerre.

Mais la France en agissant d'une manière bien supérieure à la façon de penser des petits politiques à cervelle étroite, s'est établi une réputation généreuse et a gagné l'amour d'un pays qui auparavant lui étoit étranger. Elle a traité avec un peuple qui pense comme la nature le lui a appris; et elle a sagement vu qu'il n'y avoit point d'avantages présens qui, quoiqu'obtenus par des conditions inégales, pussent balancer les avantages durables qu'elle devra à sa générosité.

L'abbé Raynal entre ensuite dans les relations secrettes des cabinets de Versailles et de Madrid, relativement à l'indépendance des Américains. Je n'entreprendrai point de le suivre dans cette discussion. Tout le monde est assez frappé d'une chose sans qu'on cherche à la faire remarquer, c'est que la première union de l'Amérique avec la Grande Bretagne, a produit une puissance qui pouvoit être dangereuse au repos du monde. Il est même vraisemblable que si l'Angleterre avoit connu les forces de l'Amérique, avant qu'elle se séparât d'elle, comme elle les a connues depuis, au lieu de vouloir la réduire dans un état de soumission absolue, elle lui auroit proposé la conquête du Mexique. Mais maintenant que la séparation est prononcée, l'Espagne n'a plus rien à craindre de deux peuples que leur union rend plus formidables pour elle que toutes les autres puissances de l'Europe.

Ce que je remarquerai avec plus d'attention, ce sont les éloges et l'admiration que l'abbé Raynal prodigue au ministère anglois, pour avoir rejetté la médiation de l'Espagne en 1779.

On doit se souvenir qu'avant que l'Espagne se joignît à la France pour faire la guerre, elle se chargea de l'office de médiatrice, et fit au roi d'Angleterre et au ministère anglois des propositions si favorables, que, si elles avoient été acceptées et que l'Amérique y eût consenti, ses intérêts auroient été véritablement lésés. Cependant le cabinet de Saint-James rejetta ces propositions, et voici ce que l'abbé dit à ce sujet :

« C'est dans une circonstance, comme

» celle-ci, c'est dans le temps où un noble
» orgüeil élève l'ame au-dessus de toutes les
» terreurs; quand on ne voit rien de plus
» cruel que la honte de recevoir la loi, et
» qu'il ne reste point à choisir entre la
» ruine et le déshonneur, c'est alors que
» se déploie la grandeur d'une nation. Je
» confesse cependant que les hommes ac-
» coutumés à juger des choses par l'événe-
» ment, appellent de grandes révolutions
» héroïsme ou folie, suivant le bon ou mau-
» vais succès qu'elles ont eu. Si l'on me
» demandoit donc par la suite quel est le
» nom qu'il faut donner à la fermeté que les
» Anglois montrèrent en ce moment? je
» répondrois que je l'ignore. Mais celui
» qu'elle mérite, je le sais. Je sais que les
» annales du monde ne nous offrent que
» rarement le majestueux spectacle d'une
» nation qui choisit de renoncer à son
» existence plutôt qu'à sa gloire ».

Dans ce paragraphe les idées sont élevées
et le style brillant; mais les couleurs sont
trop fortes, et les portraits trop embellis
pour ressembler à l'original. Pour que les
pensées et le langage soient appropriés au
sujet, de manière à satisfaire les lecteurs

éclairés, il faut frapper au point de la question, et rien de plus. C'est là tout l'art d'é-
crire : mais, pour la plupart, les écrits de
l'abbé Raynal, et je lui demande pardon de
cette remarque, me semblent trop divers,
trop incohérens. Ils sont l'image d'un beau
désert où il n'y a point de sentier, où l'œil
est récréé par tout ce qu'il voit, sans se fixer
sur rien, et où enfin il est agréable et difficile de retrouver sa route.

Avant de faire mes observations sur le
passage que je viens de citer, je veux le
comparer avec les faits qui y sont relatés.

La circonstance où se trouvoient les Anglois ne mérite point d'éloge. Ils ne rejettèrent point la médiation de l'Espagne par
grandeur d'ame, mais par vanité. Ils ne
se croyoient point dans une situation déses-
pérée, ni même très-dangereuse, et conséquemment on ne peut pas dire qu'ils choi-
sirent de renoncer à leur existence plutôt
qu'à leur gloire. Ils se flattoient encore de
subjuguer l'Amérique, parce qu'ils n'avoient
contr'eux d'autres forces navales que celles
de France ; et rien ne leur faisoit croire
qu'en rejettant la médiation de l'Espagne,
cette puissance se déclareroit contr'eux. Ils

pouvoient leur faire d'autres propositions plus favorables. Mais si cela n'avoit pas lieu, et que l'Espagne se joignît à la France, elle voyoit qu'elle n'auroit encore contr'elle que les vaisseaux de ces deux nations, et qu'elle n'avoit pas besoin d'employer contre l'Amérique ses forces navales qu'elle s'étoit accoutumée à regarder comme bien supérieures à celles de ces deux nations.

Mais quoi qu'il en pût arriver, rien ne pouvoit lui faire penser qu'elle seroit dans le cas de renoncer à son existence. La politique de l'Europe est de ne pas souffrir qu'une puissance soit détruite, mais seulement affoiblie, si elle tend à un accroissement trop dangereux. En outre, la situation de l'Angleterre la mettoit à l'abri d'une invasion immédiate. Elle ne s'occupoit encore que de ses projets de conquêtes; et tout en souffrant des dépenses de la guerre, elle regardoit encore avec des yeux avides un magnifique remboursement.

Mais si l'abbé Raynal aime les ames élevées, les caractères extraordinaires, il pouvoit trouver en Amérique des hommes dignes de tous ses éloges. Là est un peuple qui ignoroit si les nations de l'Europe se dé-

clareroient pour ou contre lui, et qui ten-
doit cependant de résister à une puissance
contre laquelle toutes les autres avoient
échoué. Il n'avoit aucun des objets nécessaires à sa défense, et il falloit qu'il apprît
tout, excepté les principes qui le soute-
noient. Il s'est vu quelquefois au dernier
degré du malheur, sans que jamais sa grandeur d'ame en ait été ébranlée; et lorsqu'ensuite il a éprouvé les événemens les plus
heureux et les moins prévus, sa sérénité n'a
point été troublée par une extravagante
joie. L'inconséquence et la terreur sont
également inconnues en Amérique. L'esprit de ce peuple étoit préparé à tout, parce
qu'il avoit pris l'inébranlable résolution de
triompher ou de périr.

Lorsqu'en 1778, l'Amérique rejetta les
propositions de l'Angleterre, elle montra
bien plus de courage que l'Angleterre
n'en a eu depuis, en refusant la médiation
de l'Espagne; et cependant quelques autres
historiens que l'abbé Raynal ont, ainsi
que lui, attribué ce grand courage de l'Amérique à une circonstance qu'elle ignoroit
parfaitement, c'est-à-dire, au traité d'alliance signé par son ministre à Paris. Mais

l'erreur de ces écrivains montre la haute idée qu'ils avoient de cette rejection, en l'imputant à une cause digne d'elle, sans savoir que la cause véritable étoit dans les principes des Américains (1).

Mais ces louanges partiales que l'abbé Raynal donne aux Anglois, méritent d'être combattues par des raisonnemens moraux et philosophiques. Il y a de la dureté, de l'inhumanité même à écarter l'horreur que doit inspirer la conduite criminelle de l'Angleterre. Ces louanges sont un laudanum

---

(1) Extrait d'un *court examen du présent règne* en Angleterre, *pag. 45 de l'année et registre de* 1780.

» Les commissaires qui, en conséquence des bills conciliatoires de lord North, se sont rendus en Amérique, n'y ont obtenu aucun succès. Les choses qu'on a voulu accorder et qui auroient été au commencement reçues avec la plus grande reconnoissance, sont rejettées avec dédain. C'est à présent aux Américains à montrer de l'orgueil et de la hauteur. Il est pourtant probable que l'orgueil et la hauteur n'ont pas seuls dicté les réponses du Congrès. Il s'est sans doute défié de la sincérité des offres de l'Angleterre ; il ne veut pas renoncer à son indépendance, et il reste fidèle *aux engagemens qu'il a contractés par son dernier traité avec la France.*

pour l'iniquité des cours. Elles tiennent la conscience d'une nation dans un sommeil coupable ; et il est plus dangereux de soutenir le crime en le déguisant sous des peintures brillantes, qu'en le protégeant ouvertement.

Les Anglois sont aujourd'hui le seul peuple qui sème dans le monde la discorde et la guerre ; et l'abbé Raynal se seroit fait bien plus d'honneur si, au lieu de flatter leur excessive ambition, il avoit adressé à ce peuple et à son monarque ces paroles :

« N'y a-t-il pas déjà dans le monde assez
» d'infortunes, ne sommes-nous pas sans
» cesse assaillis par assez de maux, trop
» difficiles à combattre, sans chercher à en
» augmenter le nombre en inventant de
» nouveaux moyens de destruction ? La vie
» est-elle donc si longue qu'il soit néces-
» saire, qu'il faille même se faire un devoir
» d'en abréger la durée ? Le sentier que nous
» avons à parcourir est-il donc si doux, si
» fleuri de chaque côté, si bien tapissé par
» la joie, qu'on ait besoin d'y semer des
» malheurs ? Demandez - le à votre cœur
» attristé, quand il reçoit de mille manières
» le poison de la douleur ; demandez - le à

» vous-mêmes quand vous êtes accablés par
» les maladies, et que tous les secours de
» l'art ne peuvent vous guérir ; demandez,
» dis-je, si nous avons besoin de nouveaux
» maux » ?

Je m'arrête ici pour examiner un autre
passage dans lequel l'abbé Raynal montre
de la malveillance, et ce qui est pire, de
l'injustice.

Après avoir long-temps chicané sur le
traité, voici comment il cherche à caracté-
riser les nations alliées. —— « Est-il possible,
» dit-il, qu'une stricte union puisse long-
» temps subsister entre des confédérés d'un
» caractère si opposé, que le François,
» prompt, léger, dédaigneux ; l'Espagnol,
» jaloux, hautain, rusé, lent, circonspect ;
» et l'Américain, qui jette en secret des re-
» gards sur sa mère-patrie, et qui se réjoui-
» roit s'ils étoient compatibles avec son in-
» dépendance et les désastres de ses alliés » ?
Presque tous les hommes aiment à faire
des portraits bizarres les uns des autres :
mais le philosophe devroit être au-dessus
de cela, sur-tout dans le cas où ses peintures
peuvent faire du mal et jamais du bien, et
où il n'a aucun motif d'excuse. L'abbé

Raynal pouvoit fort bien prêter ainsi des oppositions de caractère à tous les peuples du
monde ; et eux, en revanche, pouvoient le
peindre à leur fantaisie , jusqu'à ce que,
dans cette guerre d'esprit, les caractères véritables eussent disparu. La gaîté d'une nation , la gravité de l'autre , peuvent , par
de petits coups de pinceau , être représentées d'une manière bizarre, et alors on ne
rit pas moins du peintre que du portrait.

Mais pourquoi l'abbé Raynal n'a-t-il pas
porté des regards plus profonds sur les nations qu'il vouloit peindre ? Pourquoi alors
n'a-t-il pas montré tout le mérite de leurs
différens caractères ? Pourquoi ne s'est-il
pas étendu avec plaisir sur la grandeur
d'ame qu'a déployé la France au milieu de
ses conquêtes , et qui lui a mérité des éloges , même de la Grande-Bretagne ?

Il est au moins une chose , et on peut
en trouver beaucoup d'autres , dans laquelle
les confédérés ont été parfaitement d'accord;
c'est la générosité avec laquelle, à l'envi
l'un de l'autre, ils ont traité leurs ennemis.
L'Espagne en a donné la preuve dans la conquête de Minorque et des îles de Bahama.
L'Amérique a montré dès le commence-

(93)

ment de la guerre une douceur qui ne s'est
pas démentie , malgré toutes les injustices
qu'elle a éprouvées. L'Angleterre seule a été
insolente et cruelle.

Mais pourquoi l'abbé Raynal impute-t-il
aux Américains un crime que leurs principes et leur conduite démentent, et qui ,
s'il étoit vrai , seroit fatal à leur honneur ?
Ce crime dont je parle , ce crime horrible
est de manquer d'attachement pour leurs
alliés et de se réjouir de leurs désastres. Ils
ont été , à la vérité , soigneux de faire connoître que ce n'étoit point eux qui avoient
attaqué l'Angleterre , qu'ils n'avoient point
cherché la querelle, et qu'ils ne l'avoient pas
même desirée. Mais il est dur , il est injuste
de profiter de leur candeur et de leur justification , pour les assassiner moralement.

La manière dont ils rejettèrent les propositions de l'Angleterre , en 1778 , avant de
connoître l'alliance de la France, est - elle
d'accord avec le portrait que fait d'eux
l'abbé Raynal ? Y a-t-il eu depuis dans leur
conduite un seul exemple qui justifie ce portrait ? Mais je puis citer une chose plus frap-
pante. La poste a eu plusieurs malles inter-
ceptées ; toutes les lettres ont été alors por-

tées à New-Yorck. On les y a ouvertes ; on y
a publié les confidences les plus secrettes
que contenoient les correspondances particulières, ainsi que ce qui concernoit le
gouvernement. Eh bien ! je le répète, il n'y
a jamais eu une seule ligne qui pût autoriser
l'imputation de l'abbé Raynal.

L'Amérique n'est point un de ces pays où
le gouvernement force les hommes à se
gêner dans leurs discours ; et si quelque
chose peut les engager à se restreindre, c'est
la crainte d'un ressentiment populaire.
Ainsi si aucune correspondance privée ou
publique n'est à l'appui de ce que dit l'abbé
Raynal ; si même l'esprit général est tel qu'il
soit dangereux de montrer la moindre apparence de joie à la nouvelle des malheurs d'un
allié, sur quoi cet auteur a-t-il pu fonder
son inculpation ? J'ignore quels Américains
il a pu voir en France : mais ce que je sais
bien, c'est que ce qu'il dit ne peut pas s'appliquer à l'Amérique.

Si l'abbé Raynal avoit été dans cette contrée, au moment où l'on y apprit que l'escadre de M. de Grasse avoit été défaite aux
îles du Vent, il auroit vu combien il se mé-
prenoit sur les sentimens des Américains.

(95)

Je ne me souviens pas d'avoir jamais vu le peuple aussi inquiet et aussi impatient de savoir si la nouvelle étoit vraie ou fausse, excepté lors de la prise de Charles-Town. Quand l'escadre nous auroit appartenu, nous n'aurions pas été plus affligés ; et cependant cette affaire ne compromettoit nullement l'indépendance de l'Amérique.

Dans le tableau géographique que l'abbé Raynal fait des treize États-Unis, il se trompe si souvent que, si je voulois relever toutes ses fautes, je passerois les bornes que je me suis prescrites dans cette brochure ; et comme cet objet n'est ni politique, ni historique, ni moral, et qu'on en verra mieux le vice à mesure que le pays sera mieux connu, je me contenterai de faire une seule remarque, c'est que je n'ai jamais vu une bonne description de l'Amérique, et qu'on ne peut se former une idée juste de ce pays qu'en y allant.

Quoique cette lettre soit déjà bien plus longue que je ne me le proposois en commençant, j'ai été obligé de supprimer plusieurs observations que j'avois eu l'intention de faire. Je voudrois pourtant bien n'avoir eu occasion d'en faire aucune : mais les erreurs dans lesquelles l'ouvrage de l'abbé Raynal peut faire tomber, les impressions dangereuses qu'il peut donner, excusent la liberté de mon entreprise et la franchise de mes remarques.

L'abbé Raynal a fait une sorte d'épitome d'une grande partie du pamphlet intitulé le Sens Commun, et c'est de cette manière qu'il l'a inséré dans son ouvrage : mais il y a d'autres endroits où il a pris beaucoup de choses dans ce pamphlet, sans le citer. La différence entre la société et le gouvernement, par où le pamphlet commence, y est copiée presque mot à mot, et l'abbé la donne comme si elle étoit de lui. Les réflexions qu'il fait à ce sujet y sont également puisées ; et s'il y a quelque dissemblance, ce n'est que dans l'expression, dans l'arrangement des idées, non dans les idées elles-mêmes.

SENS COMMUN.	L'ABBÉ RAYNAL.
«Quelques écrivains ont tellement confondu la société et le gouvernement, qu'il	Il faut bien se donner de garde de confondre ensemble les sociétés et le gouver-

SENS COMMUN.   L'ABBÉ RAYNAL.

est maintenant très-difficile de distinguer ces deux choses. Cependant elles diffèrent entr'elles, et par leurs principes et par leur origine.

» La société est le résultat de nos besoins, et le gouvernement de notre perversité. Le premier, nous offre positivement le bonheur par l'union et l'amour de ses divers membres; l'autre, nous l'assure négativement en réprimant nos vices.

nement. Pour les connoître , cherchons leur origine.

Ainsi la société est née des besoins des hommes, le gouvernement est né de leurs vices. La société tend toujours au bien ; le gouvernement doit toujours tendre à réprimer le mal.

Dans le paragraphe suivant, il y a moins de ressemblance dans les mots, mais les idées sont évidemment copiées du Sens Commun.

G

» Pour nous former une idée simple et juste des principes et des motifs d'un gouvernement , supposons un petit nombre de personnes se rencontrant dans un coin écarté de la terre , et n'ayant aucun rapport avec le reste de ses habitans. Ces gens nous représenteront les premières peuplades des diverses contrées de la terre , ou même celles du monde entier. Dans cet état de liberté naturelle , la société sera leur premier objet. Mille motifs différens les y exciteront ; les forces de l'homme

L'homme jetté comme au hasard sur ce globe ; environné de tous les maux de la nature ; obligé sans cesse de défendre et de protéger sa vie contre les orages et les tempêtes de l'air, contre les inondations des eaux, contre les feux et les incendies des volcans, contre l'intempérie des zones ou brûlantes ou glacées, contre la stérilité de la terre qui lui refuse des alimens, ou sa malheureuse fécondité qui fait germer sous ses pas des poisons ; enfin, contre les dents des bêtes féroces qui

toujours si peu pro-
portionnées à ses be-
soins ; la nature de
son ame si peu faite
pour une solitude con-
tinuelle, et sans cesse
portée à chercher des
consolations et des
secours auprès d'un
autre être, qui, à son
tour, éprouve les mê-
mes besoins. Quatre
ou cinq de ces infor-
tunés rendroient, en
se réunissant , leur
secours supportable
au milieu du plus vas-
te désert : mais un
seul ne pourroit y
rien faire. Quand il
auroit abattu un arbre
pour se construire
une maison, il n'au-
roit pas la force de le

lui disputent son sé-
jour et sa proie , et
le combattant lui-
même, semblent vou-
loir se rendre les do-
minatrices de ce glo-
be , dont il croit être
le maître : l'homme
dans cet état , seul
et abandonné à lui-
même , ne pouvoit
rien pour sa conser-
vation. Il a donc fallu
qu'il se réunît et s'as-
sociât avec ses sem-
blables, pour mettre
en commun leur for-
ce et leur intelli-
gence. C'est par cette
réunion qu'il a triom-
phé de tant de maux,
qu'il a façonné ce
globe à son usage ,
contenu les fleuves ,

charrier, et s'il le charrioit, il lui seroit impossible de le faire tenir debout. La faim le détourneroit à tout instant de son travail, et chaque besoin différent le conduiroit en différens endroits. Que dis-je ? les maladies, le malheur appelleroient bientôt la mort, et il aimeroit, sans doute, mieux périr que de supporter une vie si triste.

» La nécessité, semblable à la puissance de la gravitation, réuniroit donc bientôt nos nouveaux émigrans dans un état de société, dont les avantages leur suffiroient,

asservi les mers, assuré sa subsistance, conquis une partie des animaux en les obligeant de le servir, et repoussé les autres loin de son empire, au fond des déserts ou des bois, où leur nombre diminue de siècle en siècle. Ce qu'un homme seul n'auroit pu, les hommes l'ont exécuté de concert, et tous ensemble ils conservent leur ouvrage. Telle est l'origine, tels sont l'avantage et le but de la société.

Le gouvernement doit sa naissance à la nécessité de prévenir et de réprimer et rendroient les loix et le gouvernement inutiles, tandis qu'ils resteroient parfaitement justes les uns envers les autres. Mais comme rien sur la terre ne peut demeurer exempt de vices, il est indubitable qu'à mesure qu'ils surmonteroient plus aisément les premières difficultés de l'émigration , ils se relâcheroient de leurs devoirs et de leur attachement mutuel, et ce changement leur indiqueroit la nécessité d'établir un gouvernement quelconque, pour remédier à l'oubli des vertus ».

les injures que les associés avoient à craindre les uns de la part des autres. C'est la sentinelle qui veille pour empêcher que les travaux communs ne soient troublés.

Mais comme il est temps que j'en vienne à la conclusion de ma lettre, je ne ferai pas d'autre remarque sur l'ouvrage de l'abbé Raynal ; je jetterai seulement un coup-d'œil sur l'état des affaires publiques, depuis que cet ouvrage a été publié.

Les ames accoutumées aux bassesses et à l'injustice, s'y livrent sans réflexion, ou du moins avec celle que leur dicte leur partialité. A quoi pouvons-nous imputer autrement la déclaration de guerre de la Grande-Bretagne contre la Hollande ? Pour avoir une idée de la politique qui a porté le ministère anglois à cette mesure, il faut songer à l'opinion que ce ministère et les Anglois en général ont du caractère des Hollandois ; et depuis cela nous verrons ce qu'ils espéroient de leur agression.

Si la cour de Londres avoit jamais pu penser que la Hollande voudroit sérieusement faire cause commune avec la France, l'Espagne et l'Amérique, elle se seroit bien gardée de provoquer cette puissance : c'eût été du moins une véritable folie de le faire, si le projet de cette cour n'étoit pas de hâter l'époque d'un grand désastre, afin de justifier l'abandon qu'elle se voyoit bien obligée de faire tôt ou tard, et pour lequel elle vouloit chercher un motif de s'excuser à ses propres yeux. Il est des hommes qui ont besoin d'un prétexte pour se soumettre. Ils sont semblables à un vaisseau désemparé qui, ne pouvant plus soutenir l'action , attend pour se rendre qu'il s'en présente un plus gros que celui qui le canonne, et qui est enfin bien aise de le voir approcher. Je ne m'informe point s'il y a en cela de la grandeur d'ame ou de la petitesse ; mais je crois que c'est celle-ci , car une pareille résolution prouve l'impuissance de supporter le malheur.

Mais la conduite qu'a tenu ensuite le cabinet de Londres , annonce qu'il n'avoit pas le dessein d'abandonner l'Amérique : ainsi nous sommes obligés d'imputer à d'autres motifs les mesures qu'il prit contre la Hollande.

La vérité est qu'il avoit conçu une mauvaise opinion des Hollandois. Il les regardoit comme un peuple propre à se soumettre à tout. Il croyoit pouvoir l'insulter et le piller à sa fantaisie , sans qu'il osât rien dire.

Si telle étoit l'opinion du cabinet de Londres, on ne doit pas chercher une autre cause à son agression. Il supposoit que quand ses premières hostilités contre les Hollandois lui auroient donné la facilité de leur voler quelques millions sterling, dessein qui étoit très-public , il pourroit faire la paix avec eux , aux conditions qu'il voudroit bien leur dicter. Aussi le pillage n'eut pas plutôt eu lieu que l'on proposa des accommodemens ; mais cette négociation manqua.

Lorsqu'une ame a perdu le sentiment de sa propre dignité , elle est incapable de le voir dans une autre. La guerre de l'Amérique a jetté l'Angleterre dans une telle fluctuation d'idées , et dans des situations si étranges , que jugeant de tous par elle-même , elle ne prévoit point la conduite que l'honneur national peut dicter à un autre peuple. Elle attendoit de la Hollande de la foiblesse et de la duplicité ; et sa méprise ne vint que de ce qu'elle en avoit montré plusieurs fois elle-même pendant le cours de la guerre.

Il semble désormais qu'il est impolitique et peu sûr de s'allier à l'Angleterre. La Hollande et l'Amérique en sont la preuve. Ren-

dez ces pays amis de la France et de l'Espagne, l'Angleterre leur fera une cour assi-
due et les traitera avec respect. Rendez-les
ses propres alliés, elle les insultera et exer-
cera sur eux un affreux pillage. Dans le
premier cas, elle appréhendera de les offen-
ser, parce qu'ils auront des défenseurs
tout prêts : mais dans le second, ces appré-
hensions n'existeront pas. Telle, du moins,
a été jusqu'à présent sa conduite.

Une autre chose qui a eu lieu depuis la
publication de l'ouvrage de l'abbé Raynal,
même depuis que j'ai commencé cette lettre,
c'est le changement du ministère britannique.
On ignore de quelle manière les nouveaux
ministres voudront se conduire envers l'A-
mérique ; et cela importe même assez peu,
à moins qu'ils ne soient disposés à une paix
générale.

L'expérience a déjà appris plus d'une fois
qu'il étoit impossible à l'Angleterre, non-
seulement de conquérir l'Amérique par les
armes, mais même de regagner son affection. La guerre dure depuis près de huit
ans ; et dès le commencement, des milliers
de jeunes Américains, qui s'avancent vers
l'âge où l'on commence à être homme, n'ont

entendu parler de la Grande-Bretagne que
comme d'une ennemie barbare ; et l'indépendance de l'Amérique et le gouvernement qu'elle a créé, leur paroissent aussi
naturels que le gouvernement d'Angleterre
peut le paroître à un Anglois. D'un autre
côté, des millions de vieillards qui étoient
attachés à l'Angleterre, ont déjà disparu, ou
disparoissent tous les jours de la scène du
monde.

Les progrès de la génération naissante, et
la décadence de celle qui la précède, nui-
sent également aux intérêts de la Grande-
Bretagne. Le temps et la mort, ennemis
toujours victorieux, combattent sans cesse
contr'elle ; et dans toutes les parties de
l'Amérique les billets d'enterrement sont le
thermomètre de son déclin. Les enfans sont
nourris dès le berceau dans l'habitude de la
détester. Ils entendent raconter ses cruautés;
ils entendent dire que leurs pères, leurs
oncles, ou quelqu'autre de leurs parens ont
été massacrés ; ils voient les restes fumans
de leurs maisons incendiées ; et dans les
écoles publiques la tradition leur apprend
que *les Anglois ont commis toutes ces bar-
baries*.

Voilà ce que ne peuvent pas concevoir en Angleterre ces politiques bornés, qui ne considèrent l'homme que dans l'âge de sa maturité. Ils s'embarrassent dans leurs calculs, sans songer combien est rapide en Amérique l'accroissement de la génération qui s'élève, qu'ils ne connoissent pas et dont ils ne sont pas connus. En peu d'années toutes les liaisons particulières seront oubliées, les Américains ne sauront plus qui sera roi ou ministre en Angleterre, ou du moins ils s'en informeront très - rarement.

Le nouveau ministère britannique est composé de personnes qui ont toujours été opposées à la guerre, et qui reprochoient sans cesse à leurs devanciers la violence de leurs mesures. Ils regardoient la guerre de l'Amérique comme ruineuse pour les Anglois ; et c'est d'après ce principe qu'ils la condamnoient. Mais qu'est-ce que tout cela fait aux Américains ? Ils n'ont plus rien à faire avec les partis qui divisent l'Angleterre. Que l'un entre dans l'administration, que l'autre en sorte ; tout cela leur est indifférent. C'est avec la nation toute entière qu'elle doit être désormais en guerre ou en paix.

Quand tous les ministres anglois seroient des *Chatams* (1), ils ne feroient point pencher la balance de la politique américaine. La mort, en frappant ce grand homme d'état, lui a conservé une réputation qu'il auroit peut-être perdue. Ses opinions, les projets qu'il avoit conçus dans les derniers temps de sa vie, auroient été suivis d'aussi funestes effets, et repoussés aussi ouvertement par les Américains, que ceux même de lord North ; et en considérant Chatam comme un homme sage , on trouve ses derniers plans si inconséquens qu'ils en sont absurdes.

Il paroît que la plupart des membres du parti de l'opposition pensoient que s'ils étoient dans le ministère , l'Amérique accueilleroit de leur part des propositions d'accommodement, qu'elle ne voudroit jamais écouter des derniers ministres. Mais cette idée ne peut avoir d'autre effet que de prolonger la guerre ; et l'Angleterre peut, au prix de quelques millions sterlings de plus, apprendre à connoître cette fatale erreur. Si les nouveaux ministres renoncent prudemment à cet inutile projet , ils se

____

(1) Lord Chatam , père du ministre actuel William Pitt.

montreront meilleurs pilotes qu'on ne les croit ; car on s'attend chaque jour à voir leur barque frapper contre quelqu'écueil caché et être mise en pièces.

Mais il est une route où ils peuvent se montrer grands. Elle est brillante ; elle s'ouvre devant eux, et elle est telle qu'une vraie magnanimité y acquéreroit plus de perfection, et que l'humanité y trouveroit un sujet de joie.

La Grande-Bretagne a besoin d'une réformé totale ; la nation Angloise a besoin d'avoir une ame expansive, un cœur qui embrasse l'univers. Au lieu de se confiner dans une île, et d'être sans cesse en querelle avec les autres habitans de la terre, elle goûteroit un bonheur plus durable, elle acquerroit des richesses plus réelles en se confondant avec eux, et disant courageusement : je ne suis l'ennemie de personne ! Ce n'est plus maintenant le temps des petites intrigues et d'une politique artificieuse : les Européens ont trop d'expérience pour qu'on leur en impose ; et l'Amérique et les Américains sont trop sages pour se laisser duper. Il y aura sûrement avant peu quelque chose de grand et de neuf. L'idée d'engager l'Amérique à abandonner son indépendance, et celle de l'arracher à ses alliances, est une pensée trop petite pour entrer dans une grande ame.

Toutes les fois que la politique est employée à corrompre les hommes, en les détournant de leur devoir ; toutes les fois qu'elle détruit les vertus naturelles , elle devient détestable ; et si, pour être homme d'état, il faut agir ainsi, c'est sans contredit l'emploi d'un lâche : celui qui y vise, laisse dans l'histoire de son caractère une lacune qui pourroit être remplie par la pire de toutes les épithètes.

Si l'Angleterre étoit disposée à ne point faire une paix honorable et générale, et que la guerre pût à tout événement continuer plus long-temps, je ne pourrois m'empêcher de desirer que les puissances déjà alliées de l'Angleterre , ou celles avec qui elle peut encore s'allier, devinssent les seules qu'elle voulût combattre. Les Américains saisiroient cette occasion de prouver que l'honneur ne leur est pas moins cher que l'indépendance ; et que comme il n'est point de situation qui les fasse renoncer à cette indépendance , il n'est pas non plus de situation où ils pussent abandonner leurs amis.

Tout homme desire sans doute la paix :

mais la paix qu'accompagne le déshonneur est un crime de la part de celui qui la propose, et une malédiction pour celui qui l'accepte.

Mais est - il donc impossible, est-il même difficile que l'Angleterre devienne l'amie de la France et de l'Espagne, et se fasse une vertu de renoncer pour toujours à ces préjugés invétérés qu'elle nourrit depuis long-temps avec trop de plaisir, et qui, tout en la forçant à des guerres inutiles, en la plongeant dans un déluge de dettes, empoisonnent son repos et corrompent ses mœurs ? Nous avons jadis porté les mêmes fers dont elle est chargée : mais l'expérience nous a montré notre aveuglement, et nous avons appris à penser juste et à nous délivrer de nos chaînes.

Ce qui doit animer une grande nation, c'est d'exciter et d'étendre les principes d'une société universelle. L'ame est alors élevée au-dessus de l'athmosphère des idées partielles ; et elle considère tous les hommes, de quelque nation, de quelque profession qu'ils puissent être, comme les ouvrages du créateur.

La rage des conquêtes a été assez long-

temps à la mode : pourquoi les douces vertus n'auroient-elles pas le même avantage?
Les Alexandre , les César ont laissé des monumens fondés sur les ruines des nations,
et leurs noms sont rappellés avec horreur :
mais ces génies heureux, qui les premiers
ont réuni les hommes en société et découvert les sciences , inspireront à jamais la
reconnoissance et l'admiration. Eh ! combien un philosophe , quel qu'il soit , est plus
utile au monde que la foule innombrable
des conquérans!

Si la révolution de l'Amérique pouvoit
être l'origine d'un systême de sociabilité
générale, ce seroit pour elle la marque la
plus éclatante de l'approbation céleste.
Comme un si grand objet est digne d'être
traité par la plume éloquente de l'abbé Raynal, je le lui recommande, avec toute l'affection d'un ami et l'ardeur d'un citoyen
du monde.

POSTCRIT.

POSTCRIT.

Dᴇᴘᴜɪs que j'ai terminé ma lettre à l'abbé Raynal, on a semé en Amérique le bruit d'une paix générale. J'ignore quel est le fondement d'une pareille nouvelle. J'ignore même si l'événement qu'elle annonce est proche ou éloigné. Mais comme il doit tôt ou tard être le sujet d'une sérieuse attention, il ne sera pas inutile de discuter, même à présent, quelques points, qui y ont des rapports plus ou moins directs.

L'indépendance de l'Amérique est, en ce moment, aussi solidement établie que celle de toutes les autres puissances belligérantes. Ce n'est point l'ancienneté, mais la force qui donne de la stabilité. Les nations qui se font la guerre, ne recherchent point si leurs ennemis ont une antique origine. Elles savent que ce n'est qu'une force immédiate ou des alliances qui peuvent les faire vaincre. On peut ajouter qu'un droit, qui commence aujourd'hui, n'en vaut pas moins que s'il étoit établi depuis mille ans. Ainsi l'indépendance et le gouvernement

H

de l'Amérique ne courent pas plus de risque d'être renversés parce qu'ils sont modernes, que celui d'Angleterre n'est assuré de subsister parce qu'il est ancien.

La politique de la Grande - Bretagne, relativement à l'Amérique, est fille de la sottise et agit en folle. Elle n'a pas fait un seul pas qui annonce de la raison. Sa conduite pendant la guerre n'est propre qu'à la rendre malheureuse et à la faire détester. Dans toutes ses premières propositions d'arrangement, elle a montré une ignorance totale des hommes et de ces sentimens inaltérables qui les gouvernent presque tous; et on voit déjà la manière dont elle se conduira dans les négociations commencées ou prêtes à l'être.

C'est un bien mauvais homme d'état que celui qui ne connoît pas le cœur humain, et qui ne sait pas prévoir l'impression que les mesures du gouvernement feront sur les esprits. Toutes les fausses démarches de la Grande-Bretagne ne viennent que de cette ignorance. Le premier ministère a agi comme s'il avoit cru que les Américains n'avoient point d'ame ; et le ministère actuel semble oublier qu'ils ont de la mémoire. L'un nous croyoit privés de sentiment ; l'autre s'imagine que nous ne nous souvenons pas des injures.

Il est encore un autre objet sur lequel les politiques sont dans l'erreur. Ils calculent mal , ou plutôt ils ne prévoyent pas les effets que chaque circonstance pourra produire. Il n'y a rien de si commun en politique, comme dans la vie privé, que d'entendre des hommes se plaindre que telles ou telles mesures ont eu des conséquences contraires à ce qu'ils en attendoient. Mais la chose ne vient que de ce qu'ils ont mal prévu; car quelques moyens qu'on emploie, ces moyens ont toujours leur effet naturel.

Il est probable que dans les négociations qui auront lieu pour la paix , la Grande-Bretagne disputera pour conserver quelque poste dans le nord de l'Amérique , peut-être voudra-t-elle le Canada , Halifax , ou même tous les deux. Je juge de cela , d'après sa mauvaise politique qui a toujours pris des mesures dont l'effet naturel étoit contraire à son attente et même à ses intérêts. La question est de savoir si elle aura de l'avantage en gardant ces pays et quelle en sera la conséquence ?

Quant au Canada , voici ce qui arrivera.

Si le Canada augmente de population, il se révoltera ; et si sa population n'augmente pas , il ne vaudra pas à l'Angleterre les dépenses qu'elle fera pour le garder. Il en est de même d'Halifax , et de toute la Nouvelle-Ecosse. Mais le Canada *ne sera jamais* très-peuplé. Les soins qu'on prendra à cet égard seront inutiles ; la nature s'y opposera.

L'Angleterre peut envoyer à grands frais des colons en Canada. Leurs enfans seront Américains comme les descendans des autres colons l'ont été. Ils jetteront les yeux autour d'eux , et verront les états voisins libres , puissans , respectés, et commerçant avec le monde entier. Alors l'amour de la liberté, amour si naturel! les avantages du commerce, le bonheur de l'indépendance, un climat plus doux , un sol plus fertile, tout les conduira vers le Sud ; et, par une conséquence nécessaire, l'Angleterre fera les dépenses et l'Amérique en recueillera le fruit.

On croiroit peut-être que ce que l'Angleterre vient d'éprouver en Amérique doit lui ôter entièrement l'idée d'établir de nouvelles colonies dans le continent. Car quel-

qu'endroit qu'elle y conserve , ce sera pour
elle un objet continuel d'inquiétude et de
jalousie, une source de troubles et de débats,
où l'on disputera sans cesse pour des pri-
viléges, où l'on méditera d'éternelles révol-
tes.

Qu'elle forme de nouveaux établissemens,
ces établissemens seront pour nous ; ils feront tôt ou tard partie des Etats-Unis de
l'Amérique ; et cela , malgré tous les moyens
qu'elle prendra pour l'empêcher , et sans
que nous nous donnions aucun soin pour
que cela arrive. D'abord elle ne pourra
tirer du Canada aucun revenu , jusqu'à ce
qu'il ait le moyen de payer des taxes ; et
quand il l'aura , il ne voudra pas s'y soumettre. Les hommes s'attachent bientôt au
sol où ils vivent , et s'habituent aux agré-
mens de leur nouveau séjour. Peu leur importe l'opinion avec laquelle ils y sont ve-
nus. Le temps , l'intérêt , les nouveaux rapports la leur font oublier , et la seconde
génération n'en conserve aucune idée.

Si l'Angleterre étoit véritablement sage ,
elle profiteroit de l'occasion qu'elle a en
ce moment, pour se délivrer de tous les
embarras qu'elle a dans l'Amérique septen-

trionale , afin de prévenir les troubles , les querelles, et d'éviter les dépenses. J'ajouterai que si j'étois à la tête d'une puissance Européenne, je ne voudrois point du Canada, aux conditions sous lesquelles le gardera l'Angleterre. C'est une possession qui sera toujours à la charge de la puissance qui l'aura.

Quant à Halifax, il est absolument inutile à l'Angleterre après la perte des Etats-Unis. Qu'importe de conserver un port, quand on a perdu le pays pour lequel on l'avoit. Ce n'est qu'un surcroît de dépenses inutiles. Je suis sûr qu'il y a en Angleterre des milliers de personnes qui croient que ces possessions sont d'un grand profit pour la nation : mais c'est précisément le contraire. Au lieu de donner aucun revenu , elles absorbent une grande partie des revenus de la Grande-Bretagne.

Gibraltar offre un autre exemple de la mauvaise politique des Anglois. Un poste qui ne sert ni en temps de paix ni en temps de guerre, n'est assurément d'aucune utilité. Au lieu de protéger une escadre, il lui en faut une pour le défendre. Dire que Gibraltar commande à la Méditerranée ou à l'entrée et au commerce de cette mer, c'est dire une insigne fausseté ; car quoique l'Angleterre conserve Gibraltar, elle a perdu et la Méditerranée et le commerce du Levant, et tous les avantages qu'elle espéroit de cette possession. Si l'on prétend que ce malheur ne lui est arrivé, que parce que Gibraltar a été assiégé par mer et par terre, cela ne signifiera rien ; car la même chose aura lieu tant que l'Angleterre conservera cette forteresse et qu'elle sera en guerre avec la France et l'Espagne. Ce rocher inaccessible peut bien rester au pouvoir de l'Angleterre : mais ses ennemis le lui rendront toujours inutile et très-dispendieux.

J'imagine qu'en assiégeant Gibraltar, l'Espagne a eu principalement en vue de montrer à l'Angleterre que si elle ne pouvoit pas le prendre, elle pouvoit au moins le commander, c'est-à-dire, en fermer l'entrée, et quoiqu'il fût place de garnison, empêcher qu'il ne servît de port. Mais le moyen le plus prompt de réduire Gibraltar, c'est d'attaquer l'escadre angloise ; car cette forteresse n'a pas moins besoin d'une escadre pour pouvoir résister, qu'un oiseau n'a besoin de ses ailes pour aller chercher sa pâture. Si l'aile est blessée, l'oiseau meurt de faim.

Voici encore une chose que le peuple anglois ne remarque point et qu'il semble même entièrement ignorer, c'est qu'il y a une grande différence entre un pouvoir permanent et un pouvoir accidentel, considéré par rapport à une nation.

Par un pouvoir permanent, j'entends cette force naturelle, inhérente, que possède une nation, et qui malgré la réalité de son existence, peut rester inactive ou n'être pas avantageusement dirigée ; et par un pouvoir accidentel, j'entends une heureuse disposition de la force nationale, ou l'emploi convenable qu'on en fait en tout ou en partie.

. Il fut un temps où une nation Européenne, avec huit ou dix vaisseaux de guerre tels qu'ils sont à présent, auroit porté la terreur dans tous les états voisins qui n'avoient point encore de marine, quoiqu'ils pussent avoir naturellement les moyens de s'en procurer une. Or ceci ne peut être considéré que comme accidentel, non comme l'exemple d'un avantage permanent, parce qu'il ne devoit durer que jusqu'à ce que les états attaqués eussent construit autant de vaisseaux ou même un plus grand nombre que l'autre. Après cela il falloit à celui-ci pour reprendre sa supériorité, une escadre plus considérable, à laquelle une plus forte encore étoit opposée. Ainsi les puissances de la terre ont bâti flotte sur flotte à mesure que le besoin les y a contraintes. Mais ceci se réduit à une question : quelle est la nation qui peut construire et équiper un plus grand nombre de vaisseaux? Et la réponse la plus naturelle est, la nation la plus nombreuse; celle qui a les plus grands revenus, pourvu qu'elle soit située de manière à avoir des ports convenables.

Les François étant placés sur le continent, et les Anglois dans une isle voisine, chacun de ces peuples a des idées différentes qui naissent de sa position. Les Anglois ne peuvent commercer avec les étrangers, ni sortir du lieu qu'ils habitent, sans se servir de vaisseaux. Mais en France c'est toute autre chose. L'idée de construire une marine n'y est pas venue de la nécessité immédiate qui y a forcé en Angleterre. Mais à présent il s'agit de savoir laquelle de ces deux nations l'emportera sur l'autre, quand elles mettront le même soin et employeront également leurs revenus à bâtir des vaisseaux ?

Les revenus annuels de la France s'élèvent presqu'au double de ceux de l'Angleterre, et le nombre des habitans est plus de deux fois plus considérable dans le premier de ces royaumes que dans l'autre. L'étendue de leurs côtes dans la Manche est la même. En outre la France a plusieurs centaines de milles de côtes dans la baye de Biscaye et des ports sur la Méditerranée ; et chaque jour prouve que dans un pays comme dans l'autre, la pratique fait des matelots aussi bien que des soldats.

Si l'Angleterre a cent vaisseaux de ligne, la France peut donc en avoir cent cinquante; car ses revenus et sa population sont proportionnés à ce nombre, comme les revenus et la population de l'Angleterre sont proportionnés à l'autre ; et si elle ne l'a pas, c'est uniquement parce que jusqu'à ce jour elle ne s'est pas assez occupée de sa marine. Mais à présent qu'elle voit que les vaisseaux sont les premiers instrumens du pouvoir, elle peut aisément s'en procurer.

L'Angleterre croit faussement et malheureusement pour elle, que parce qu'elle a eu quelque avantage sur la France, tandis que la France avoit une marine plus foible que la sienne, il en doit être toujours de même. Mais on peut voir clairement que la France ne s'est jamais bien adonnée à la marine, et qu'elle peut en avoir une supérieure à celle d'Angleterre, en raison de la supériorité de sa population et de ses revenus. L'Angleterre doit déplorer le jour où son insolence et ses injustices engagèrent les François à renforcer leur marine.

Les flottes combinées de France et d'Espagne peuvent conquérir toutes les Antilles, et vaincre les escadres angloises qui sont dans ces parages ; car si ces deux premières puissances envoyoient toutes leurs forces navales en Amérique, les Anglois ne pourroient jamais les suivre et leur en opposer de pareilles. Quand elle enverroit tous ses vaisseaux, elle en auroit vingt ou trente de moins que les autres ; et pendant ce temps son commerce resteroit exposé à la vengeance des Hollandois.

Il est une maxime que je crois utile, sur-tout dans les opérations navales ; c'est que toutes les fois qu'elle peut l'éviter, une grande armée ne doit jamais marcher par détachemens mais bien se porter toute entière à quelque expédition importante, dont le succès décide du sort de la guerre. Si les flottes combinées de France et d'Espagne s'étoient rendues le printemps dernier aux Antilles ; elles auroient été maitresses de toutes ces isles ; et triomphant de l'escadre de Rodney, elles auroient fait cet amiral prisonnier. Ensuite, sans qu'elles eussent eu besoin de s'en retourner en Europe, les Etats-Unis leur auroient fourni des provisions, avantage que ne peut avoir l'Angleterre.

Le hasard a procuré à l'Angleterre quelques avantages, que l'infériorité de sa marine ne lui donnoit pas droit d'espérer. Quoiqu'elle ait été obligée de fuir devant les flottes combinées, Rodney a deux fois eu le bonheur de rencontrer des escadres moins fortes que lui. La première en dehors du cap Saint-Vincent, où ses vaisseaux étoient presque deux contre un ; et la seconde aux isles du Vent, où il avoit six vaisseaux de plus. De telles victoires ne sont ni honorables pour le vainqueur, ni honteuses pour le vaincu, puisqu'elles sont dues au hasard d'une rencontre, non à la manière de combattre. La preuve, c'est que le même amiral qui les a remportées, n'avoit pas fait la moindre impression à trois différentes reprises sur un nombre de vaisseaux égal au sien, et avoit même toujours eu soin de se retirer (1).

Conclusion. Si l'Angleterre a de nombreux ennemis, c'est qu'elle a multiplié l'outrage. L'insolence inspire toujours la haine, tant aux nations qu'aux individus. L'extravagance de la cour britannique se voit clairement dans ses fêtes le jour de la naissance du roi, et dans les odes du premier jour de l'an ; choses qui sont faites pour engouer la multitude, et révolter l'homme raisonnable. L'insolence injuste et grossière qu'elle déployoit autrefois sur les mers, où elle s'arrogeoit l'empire, lui a fait des ennemis de toutes les nations commerçantes. Ses vaisseaux ressembloient aux

______

(1) Voyez les relations angloise et françoise des trois combats qui ont eu lieu aux Antilles, entre M. de Guichen et l'amiral Rodney.

oiseaux de proie. Ils étoient sur la surface de l'océan ce que le requin est au-dessous.

Mais les nations alliées ont agi tout autrement. Elles ont acquis un honneur immortel en rétablissant la liberté des mers , à laquelle toutes les nations ont un droit égal. La mer est le grand chemin du globe. Celui qui s'y arroge une prérogative, transgresse le droit de tous les peuples , et mérite qu'ils se réunissent pour le punir.

Peut-être seroit-il nécessaire pour la tranquillité du monde , que dans la paix générale qui suivra la guerre actuelle, on exigeât par un article particulier, qu'aucune nation nepourroit en temps de paix avoir plus d'un certain nombre de vaisseaux de ligne. Si l'on ne prend pas un parti à-peu-près pareil , bientôt la moitié des hommes peuplera la mer, et on ne voit pas jusqu'où l'accroissement des flottes pourra aller. Il y a encore une autre raison de restreindre la marine ; c'est qu'elle n'est d'aucun avantage pour les mœurs et la morale d'un peuple. Le service des vaisseaux ne permet guère de fréquenter la société , et il donne une rudesse d'idées et de langage , qui est encore plus remarquable dans les vais-

seaux de guerre que dans les navires marchands, parce que dans ceux-ci on a plus
de rapports avec le monde. Au reste, c'est
une observation qui ne peut pas être plus
appliquée à un pays qu'à l'autre.

Il y a déjà plus de sept ans que la Grande-
Bretagne nous fait une guerre dont les frais
s'élèvent à près de cent millions sterling.
Chaque mois qu'elle diffère de conclure la
paix, lui coûte un million sterling de plus,
en sus de ses dépenses ordinaires, qui sont
également d'un million; de sorte que la
dépense de chaque mois est de deux millions de livres sterling, ce qui égale toutes
les dépenses que fait l'Amérique dans un
an. Jugez donc qui est-ce qui pourra continuer?

L'Angleterre a bien d'autres injustices à
réparer dans toutes les parties du monde;
et au lieu de persister dans son arrogance,
qui ne sert qu'à lui attirer le mépris et la
haine des nations, elle devroit changer de
mœurs; se retrancher dans ses dépenses,
vivre amicalement avec ses voisins, et ne
plus songer à la guerre.

Thomas Paine.

Philadelphie, le 21 août 1782.

LETTRE

AU COMTE DE SHELBURNE (1),

A l'occasion du discours qu'il a prononcé au parlement d'Angleterre, le 10 juillet 1782, sur l'indépendance des Etats-Unis de l'Amérique.

A Philadelphie, le 29 octobre 1782.

Un discours qui a été imprimé dans plusieurs papiers anglois et dans les gazettes de New-Yorck, comme ayant été prononcé par vous, mylord, en réponse à celui du duc de Richemond, du 10 juillet dernier, contient des idées et des opinions si nouvelles, si singulières, si enveloppées dans des raisonnemens obscurs, que je prends le parti de vous adresser cette lettre pour les discuter librement avec vous. Le discours dont je parle, est conçu en ces termes :

« Lord Shelburne dit qu'on avoit avancé

____

(1) C'est le même qui porte aujourd'hui le nom de marquis de Lansdown.

» ailleurs

» ailleurs qu'il étoit en contradiction avec lui-
» -même. Mais que pour se laver de ce repro-
» che, il affirmoit qu'il conservoit toujours
» les mêmes principes à l'égard de l'indé-
» pendance de l'Amérique. Qu'il n'avoit ja-
» mais cessé de penser que quand le parle-
» ment reconnoîtroit cette indépendance,
» la gloire de la Grande-Bretagne étoit obs-
» curcie pour toujours. Que tels avoient été
» ses sentimens dès l'origine de la que-
» relle, et tels ils étoient encore.

» Que c'étoit l'opinion de lord Chatam et
» de plusieurs autres hommes d'état distin-
» gués par leur capacité. Que cependant,
» puisque quelques autres lords pensoient
» différemment, et qu'ils étoient soutenus
» par la majorité du cabinet, il acquiesçoit à
» une mesure contraire à ses idées ; et qu'il
» étoit arrêté que la chose seroit présentée
» au parlement où on la discuteroit plei-
» nement et avec loyauté.

» L'indépendance de l'Amérique, con-
» tinua-t-il, sera la ruine de l'Angleterre ;
» et une mauvaise paix avec la France,
» donnera à cette orgueilleuse ennemie les
» moyens de fouler à ses pieds la Grande-
» Bretagne. Chérissant ma patrie, je ne

» desire point de voir éclipser à jamais le
» soleil de sa gloire. Je voudrois qu'il en res-
» tât au moins une étincelle qui pût nous
» faire espérer l'éclat d'un nouveau jour.
» Mais si l'indépendance est accordée à
» l'Amérique , si le parlement approuve
» une pareille mesure , je le répète , c'en
» est fait de l'Angleterre. J'aurois souhaité
» qu'on m'eût député vers le congrès , pour
» y plaider de tout mon pouvoir la cause
» des Américains et celle des Anglois , et
» sauver à la fois les uns et les autres , en
» convainquant le congrès , que si une fois
» l'indépendance est signée , l'Amérique
» cesse d'être libre.

» La paix est sans doute desirable ,
» ajouta lord Shelburne ; mais il faut
» qu'elle soit honorable , non humiliante ,
» non dictée par la France et exigée
» par l'Amérique. Il est trop vrai que
» l'Angleterre n'est point dans un état flo-
» rissant. La guerre a diminué la fortune pu-
» blique : mais si nous ne sommes pas ri-
» ches , il n'est pas moins évident que la
» France est pauvre. Si nous sommes gê-
» nés dans nos finances , l'ennemi a épuisé
» ses ressources. L'Angleterre est encore

» un puissant empire peuplé d'hommes bra-
» ves tout prêts à combattre pour la cause
» commune. Le langage de la Grande-Bre-
» tagne ne doit donc pas être celui de l'hu-
» miliation. Je ne rougirai ni ne serai ef-
» frayé, si ce discours parvient en Améri-
» que. Il y a là des personnes, et même
» en très-grand nombre, qui pensent tous
» comme moi, relativement à leur pays,
» et qui voient clairement que sa ruine et
» son indépendance sont liées ensemble ».

D'après ce discours je remarquerai que
lord Shelburne paroît totalement ignorer
quels sont les sentimens et l'esprit qui anime
les Américains. Il est singulièrement dans
l'erreur, s'il pense que son ministère pût
les engager à accepter la paix, avec quelqu'autre condition qu'une indépendance
absolue; et en desirant d'être envoyé auprès du congrès, il manifeste la doctrine la
plus extraordinaire ; il prétend que l'état le
plus sublime de l'homme, l'indépendance,
est la perte de la liberté.

Nous pouvons lui répondre que, pour
connoître ce que signifie le mot opposé, le
mot de dépendance, nous n'avons qu'à
porter nos regards sur ces années d'humi-

liation où nos pétitions les plus justes n'ob-
tenoient que l'insulte et le mépris, et où l'on
nous menaçoit d'une ruine totale , si nous
n'avions la bassesse de nous soumettre à une
soumission absolue.

Que nous importe que le ministère anglois ait été changé ? ne peut-il pas l'être
encore ? Le crime du gouvernement est celui
de toute la Grande-Bretagne. Et une nation
qui pense et agit un seul moment comme
les Anglois ne peut plus inspirer aucune
confiance. Il est des cas où l'on ne peut
pas plus rétablir sa réputation , que rappeller un mort à la vie. Une bonne réputation
est un phénix qui peut mourir , mais qui
ne renaît point de ses cendres. Il est de
légères offenses qui n'excitent qu'un instant de colère et que la réflexion fait oublier aisément. Mais les outrages que nous
a faits l'Angleterre , ont percé le cœur des
Américains , et la nature ne nous a pas
donné le pouvoir de les pardonner.

Vous desirez, Mylord, d'avoir occasion
de plaider devant le Congrès la cause de l'Angleterre et de l'Amérique , et de prévenir ,
dites-vous, la ruine de ces deux contrées.

Quand un peuple qui depuis plus de sept

ans a fait tous ses efforts pour nous perdre, vient en rampant solliciter notre bienveillance, il ajoute le malheur de la honte, au malheur d'avoir été trompé dans son espoir; et s'il reste encore à l'Angleterre quelque rayon de gloire, ce rayon s'éclipsera dès qu'elle demandera la moindre grace à l'Amérique , et il s'éteindra tout-à-fait si elle l'obtient. L'homme qui doit la vie à la miséricorde de celui à qui il a voulu l'ôter, est bien plus malheureux de vivre que de mourir.

Mais tous vos discours, Mylord, n'auroient aucun effet auprès du Congrès. L'honneur, l'intérêt, tous les sentimens de nos cœurs plaideroient contre vous. Le peuple Américain a une façon de penser différente de la vôtre; et ce qui est également vrai, c'est que vous ne pouvez pas sentir ce qu'il sent. La situation de l'Angleterre et celle de l'Amérique sont si opposées ! Ici a été le théâtre de la guerre ; et l'Angleterre l'a toujours eue loin de ses foyers. Les plus cruelles dévastations ont frappé nos regards ; la plus insolente barbarie nous a poursuivis. Nous ne pouvons pas jetter les yeux autour de nous , sans voir les débris de ces maisons incendiées et détruites , qui jadis étoient le fruit heureux de l'industrie la plus laborieuse , et qui n'offrent maintenant que des monumens de la férocité des Anglois. Dans toute l'étendue de ces contrées, nous sommes forcés de fouler aux pieds les cendres de nos amis, et dès-lors nous nous rappellons par quelles mains ils ont été massacrés. Il n'est presque point de village dont l'aspect ne porte dans l'ame quelque triste pensée , et qui ne nous fasse songer à ce que nous avons souffert , et aux braves guerriers que nous avons perdus. Encore une fois, votre situation ne vous permet ni de voir les images qui nous environnent, ni de connoître les idées qu'elles nous inspirent. Aussi tous vos raisonnemens ne pourroient s'appliquer à rien , et vos espérances seroient sans succès.

Quant à la question de savoir si l'Angleterre consentira à l'indépendance de l'Amérique, question que vous dites devoir souffrir des débats parlementaires , elle est si simple, que je ne crois pas qu'elle ait besoin d'être discutée.

Reconnoître l'indépendance de l'Amérique est pour l'Angleterre le seul moyen de se délivrer d'une guerre ruineuse , et désormais sans objet. Certes si elle ne consent pas à notre indépendance , elle n'aura jamais la paix.

« Mais, dites-vous, le soleil de la Grande-
» Bretagne sera pour jamais éclipsé, si les
» Anglois reconnoissent l'indépendance des
» Américains ». La métaphore seroit très-juste, si vous aviez ôté le soleil de votre phrase , et que vous l'eussiez remplacé par la lune.

Mais cette comparaison , si elle étoit exacte , seroit l'aveu le plus expressif de vos désastres , et montreroit à l'Amérique combien il lui importe de jouir de son indépendance et de sa souveraineté. Vers l'an 1776 , M. Wedderburne employa une idée à - peu - près pareille : — « O Amé-
» rique ! s'écria-t-il , dois-tu desirer d'être
» un géant , pour devenir presqu'aussitôt
» un nain ? »

Hélas ! ces hommes qui s'appellent Anglois , sont-ils donc si peu de chose par eux-mêmes , que s'ils perdent l'Amérique , ou si elle détourne d'eux ses regards , leur soleil s'éclipsera pour jamais ; et réduits à aller à tâtons dans l'obscurité, ils ne seront plus que des animaux insignifians ? L'Amérique est-elle donc le géant qui a l'empire, et l'Angleterre n'est-elle que le nain qui l'accompagne ? Les choses sont-elles tellement changées, que ceux qui croyoient autrefois que nous ne pouvions pas nous passer d'eux, conviennent à présent qu'ils ne peuvent pas vivre sans nous ? Apprendront-ils à l'univers, par la bouche de leur premier ministre, que l'Amérique est tout pour eux, et que ce n'est que par elle qu'ils peuvent vivre, respirer, enfin avoir l'être ? Quoi ! ceux qui nous commandoient de nous jetter à leurs pieds, viendront se prosterner aux nôtres, et oseront nous avouer que, sans nous, ils ne peuvent avoir le rang de nation ! Sont-ils devenus si peu propres à parler sur l'indépendance, qu'ils en ont perdu toute idée, et crient aux montagnes, aux rochers de l'Amérique de cacher leur nullité ? Si l'Amérique est perdue, faut-il que des hommes se lamentent comme des enfans qui ont perdu leur hochet ? Faut-il qu'ils apprêtent à rire de leur disgrace en la publiant eux-mêmes ? Sûrement, la meilleure manière seroit de la supporter sans rien dire ; ce seroit de montrer que, sans l'Amérique , l'Angleterre peut conserver son indépendance , et tenir encore un rang distingué ente les puissances européennes. Vous n'étiez point contens lorsque vous la possédiez : il est donc puérile de pleurer sa perte.

Mais lord Shelburne pense qu'il y a encore quelque chose à faire. Mais il est difficile d'expliquer ce qu'est cette chose , et comment il faut s'y prendre pour la faire. Les armes ne laissent plus d'espoir : près de huit ans d'expérience , une dépense de cent millions de livres sterlings , et la perte de deux armées en donnent suffisamment la preuve. En outre , les Anglois n'ont plus rien à attendre des mécontens. On les a recherchés par-tout. On ne peut plus être trompé par eux ; et des milliers de ces malheureux dont l'attachement à la Grande-Bretagne cause la ruine , sont obligés de quitter leurs établissemens, et d'aller cultiver les déserts de Saint Augustin et de la Nouvelle-Ecosse.

Qu'est-ce qui peut dédommager le peuple Anglois des sommes immenses que lui coûte la guerre ? Qu'est-ce qui peut l'engager à continuer de jetter son argent pour n'avoir

que du mal ? L'Amérique peut faire la
guerre pendant dix ans, et payer toutes les
dépenses   l'administration pour moins
que ce qu'il en coûte à l'Angleterre dans
une seule année. Moi qui connois l'un et
l'autre pays, je sais bien que le peuple Américain est bien plus en état de payer ses
impôts que le peuple Anglois ne peut payer
les siens. D'ailleurs les Américains défen-
dent leurs habitations, leurs propriétés,
leurs droits, leur liberté; s'ils ne les dé-
fendoient pas, ils mériteroient de les perdre
et personne ne les plaindroit, parce qu'ils
subiroient la juste punition de leur faute.

Les troupes angloises qui sont en Amérique, se soucient peu que la guerre dure
long-temps. Elles vivent dans l'aisance et
dans l'oisiveté. La folie d'un pays et les
dépouilles d'un autre les engraissent ; et
graces à leur paie et au pillage, elles pourront s'en retourner riches. Mais il en est
tout autrement du vigilant fermier, du
laborieux artisan, et des pauvres nécessi-
teux qui sont en Angleterre, et qui ne
peuvent gagner qu'à la sueur de leur front,
l'argent qu'il leur faut donner chaque jour
pour entretenir dans l'abondance et dans

la débauche une armée qui vole à la fois le peuple anglois et le peuple américain. Loin des regards de ceux qui fournissent à son entretien et du gouvernement qui l'emploie , elle peut tailler et rogner à sa fantaisie sans que personne lui demande compte de rien.

« Mais l'indépendance de l'Amérique » sera la ruine de l'Angleterre » , dit lord Shelburne.

Eh bien , répondrai-je , l'Angleterre est donc déjà ruinée ; car l'Amérique est déjà indépendante ; et si lord Shelburne nie la ruine de l'Angleterre , c'est qu'il désavoue sa conséquence. D'ailleurs , vouloir que l'Angleterre soit ainsi subordonnée à l'A-mérique , c'est faire trop d'honneur aux Américains, et aux Anglois beaucoup trop peu.

Mais cette déclaration n'est qu'une rap-sodie inconséquente. Lord Shelburne a déjà dit plusieurs fois que la guerre des Américains étoit ruineuse pour l'Angleterre, et à présent il veut que l'Angleterre sou-tienne cette guerre pour ne pas être ruinée : en vérité c'est là un langage qu'on ne peut pas comprendre. Et comment après la paix, l'indépendance de l'Amérique pourra-t-elle ruiner la Grande-Bretagne, si cette indépendance ne la ruine pas pendant la guerre? Certes, l'Amérique ne sera ni plus indépendante de l'Angleterre, ni plus son ennemie par la suite, qu'elle ne l'est en ce moment; et l'Angleterre n'en tirera pas alors moins d'avantages qu'aujourd'hui. Pourquoi donc y a-t-il plus de danger dans un moment tranquille que dans un moment de trouble et d'alarme? Et si ce danger n'existe point dans ces circonstances, pourquoi veut-on qu'il ait jamais lieu?

Prétendre que la paix et le commerce, avec quatorze ou quinze millions de dépense de moins par an, sont préjudiciables, c'est un systême nouveau. Nous avons beaucoup entendu parler d'épargnes nationales et d'économie en Angleterre: mais sûrement la véritable économie seroit d'arrêter le cours d'une guerre non moins folle qu'opiniâtre; car auprès de ce retranchement de dépense, tous les autres ne sont que des bagatelles.

Mais est-il possible que lord Shelburne parle sérieusement quand il avance que, par la voie des armes, les Anglois peuvent obtenir le moindre avantage, ou même qu'aucun avantage peut être proportionné aux frais qu'il coûtera et au danger de le poursuivre ? La prise de deux armées ne le satisfait pas ? Faut-il qu'elles soient toutes prisonnières de guerre ? L'Angleterre doit-elle être toujours dupe de ses espérances et de ses illusions ?

Tantôt les Anglois croient que notre papier-monnoie va manquer ; tantôt que notre armée se débande, ou que nos provinces se révoltent. Les généraux anglois s'exercent à mentir. L'un écrit une chose fausse, l'autre en accrédite une plus fausse encore. Lord Chatam étoit de cette opinion-ci. Lord, je ne sais qui, est de celle-là. Tel jour il doit arriver 20 vaisseaux de ligne russes, portant 20 mille hommes de troupes. Le lendemain, l'impératrice est calomniée sans miséricorde.— On a gagné l'empereur d'Allemagne moyennant un million qu'on lui a compté ; et le roi de Prusse doit faire des choses merveilleuses. Une fois c'est ceci ! une autre fois c'est cela !—Une puissance va armer contre nous ; puis c'en est une autre : comme si le monde entier devoit partager la folie et la rage de l'Angleterre. Ainsi tous les ans on a été leurré par mille sornettes différentes.

Mais cette année-ci on propose une nouvelle folie. Lord Shelburne desire d'être envoyé auprès du congrès, et il pense que cette démarche ne sera pas sans succès.

Les déclarations récidives du congrès, déclarations que toute l'Amérique défend les armes à la main, et qui attestent que nous n'écouterons aucune proposition quelconque, jusqu'à ce que notre indépendance soit reconnue d'une manière non équivoque, ne suffisent-elles donc pas ?

Si après nous avoir fait tant d'insultes, tant d'outrages, l'Angleterre consentoit encore à recevoir de nous quelque grace, nous ne pourrions nous empêcher de mépriser une telle bassesse. Loin d'envoyer lord Shelburne pour solliciter auprès de nous, elle devroit regarder comme un désastre, les offres que nous pourrions lui faire nous-mêmes. Certes, il me semble que la Grande-Bretagne sera bien malheureuse, le jour qu'elle devra quelque chose aux bontés de l'Amérique. Le nom anglois n'est-il pas déjà assez déshonoré, sans qu'on le souille davantage ? Lucifer même dédaigneroit de régner dans le ciel à titre de faveur, et un anglois s'abaisse jusqu'à ramper pour entrer seulement en Amérique. Eh quoi ! la terre de la liberté a-t-elle donc tant de charmes qu'on y préfère la place de simple portier à celle de ministre d'état en Angleterre ?

Mais qu'est-ce donc que lord Shelburne attend de nous ? et que peut-on en espérer que de nouveaux outrages, de nouvelles contestations, de nouvelles querelles ? Depuis quelques années le peuple américain s'est tellement accoutumé à penser et parler librement et avec mépris de l'autorité angloise, et l'habitude en est déjà si fort enracinée, que si un homme paroissoit ici aujourd'hui revêtu de quelque portion de cette autorité et vouloit la faire valoir, il auroit la vie d'un crapaud sous la herse. On le regarderoit comme un contrebandier à qui on donne asyle par excès de bonté ; ce seroit le mungo de la comédie ; et si ce rôle lui déplaisoit, il seroit bientôt renvoyé. En vérité, si l'Angleterre prenoit ce parti, dégradée par notre compassion, dédaignée par notre fierté, elle seroit dans une situation pire que celle où la guerre l'a mise. Pour nous, nous avons une trop haute opinion de nous, pour avoir l'idée de nous soumettre de nouveau à une puissance étrangère. Et si nous pouvions jamais nous y résoudre, l'Angleterre seroit certainement la dernière que nous choisirions. Elle nous a trompés, nous le savons. Sa bonne réputation est ensevelie. Nous en avons vu les funérailles.

Certes, si l'Angleterre n'aimoit pas à pêcher en eau trouble et à boire dans la coupe de la discorde, elle ne songeroit point à mêler ses affaires avec celles de l'Amérique. En se liant de nouveau avec nous, elle feroit comme un vieillard extravagant qui tient sous le bras la jeune épouse qui le méprise, et qui a déjà placé sur sa tête les marques de son dédain. Oui, les Anglois veulent baiser la main de ceux qui leur ont pincé l'oreille. Cet abaissement est aussi honteux pour eux, que la guerre qu'ils nous ont faite étoit injuste. La dernière scène du drame est aussi extravagante que la première.

Puisque l'Amérique est perdue pour eux, la seule chose qu'il leur convient de faire, c'est de la perdre avec courage. Vous n'êtes point cause de notre séparation, Mylord ;

et

et vous ne vous ferez aucun honneur en la retardant. D'ailleurs, la Grande-Bretagne a tenu dans toute cette affaire une conduite si capricieuse, si incertaine, si fausse, qu'elle s'est couverte de torts ineffaçables.

Le 2 août dernier, le général Carleton et l'amiral Digby écrivirent au général Washington, en ces termes :

« Votre excellence a reçu les résolutions » de la chambre des communes du 27 fé- » vrier dernier, et l'espoir qu'on a donné » de les faire suivre de mesures pacifi- » ques. Depuis ce temps là nous n'avons » point eu de nouvelles directes de Lon- » dres, qu'aujourd'hui qu'il vient de nous » en arriver de très-importantes. Nous ap- » prenons *officiellement* que les négocia- » tions pour une paix générale ont com- » mencé, et que M. Grenville, revêtu des » pouvoirs nécessaires pour traiter avec » toutes les puissances belligérantes , est » maintenant à Paris. Nous savons de plus, » monsieur, que *sa majesté* voulant écar- » ter tous les obstacles à une paix qu'elle » desire si ardemment, a voulu que ses mi- » nistres prescrivissent à M. Grenville de

K

» commencer par proposer lui-même l'in-
» dépendance des treize Etats-Unis , au lieu
» de n'en faire qu'une condition du traité ».

Or , maintenant comparez vos nouvelles mesures et cette lettre, et dites-moi, je vous prie, mylord , quelle foi on peut avoir dans la parole de votre roi, de ses ministres , du parlement même ? Ne devons-nous pas vous considérer comme une troupe de confédérés traîtres , perfides, dont toutes les assurances sont frauduleuses , et le langage menteur ? Que pouvons - nous penser des Anglois, sinon que c'est une nation abandonnée , perdue , se moquant de sa réputation , et avec laquelle il ne faut employer que la bayonnette ou la corde ?

Quand on dit ensuite que « le soleil de la » Grande-Bretagne s'éclipsera pour jamais » quand elle reconnoîtra l'indépendance de » l'Amérique , » on tient le langage le plus ridicule , le plus inconséquent ; puisque si cette indépendance n'est pas reconnue , c'est un mensonge de votre gouvernement. Combien d'Américains avoient prévu cette perfidie ! combien la regardoient comme une machination qu'on avoit préparée pour nous empêcher de nous tenir sur nos gardes,

et détourner notre attention de l'arrangement de nos finances, seul objet auquel
nous puissions devoir le titre de peuple indépendant et souverain ! Cette fourberie a
pu paroître aux Anglois digne de leur politique : mais le sacrifice qu'ils desirent n'est
pas en leur pouvoir.

Quelques Américains croyoient à la sincérité de la déclaration que contient la lettre
transcrite plus haut. Ils ne pensoient pas
que des hommes, qui avoient leur réputation à établir, pussent commencer leur carrière ministérielle par un mensonge. Le précédent ministère nous avoit fait une guerre
barbare, horrible, et a ensuite employé
les détours, la bassesse, la perfidie. Les
uns n'ont écouté que la colère et la vengeance, et les autres ont usé de subtilité et
des moyens les plus vils, jusqu'à ce qu'enfin leurs crimes réunis ont inspiré à tous les
Américains, soit Whigs, soit Torys, du
mépris et de l'horreur pour la Grande-
Bretagne.

La proposition de lord Shelburne, quelle
que puissent être d'ailleurs ses intentions
secrettes, doit apprendre à l'Amérique et
au monde entier à ne jamais se fier aux

promesses des Anglois. Leur dernière perfidie ne peut être cachée. Elle a été con-
signée dans les gazettes de New-Yorck avec
les noms de Digby et de Carleton. C'est une
proclamation pour empêcher de croire à la
parole du roi d'Angleterre, et pour annoncer que la fausseté est le principe d'a-
près lequel se conduisent ses ministres.
Elle répand en outre un vernis d'infamie
sur la chambre des communes, et annonce
qu'il faut bien se défier d'elle. Oui, tels sont,
je le répète, les effets des propositions de
lord Shelburne.

La déclaration authentique contenue dans
la lettre de Carleton et de Digby ayant été
publiée, l'honneur, la politique, la prudence, tout vous engageoit, mylord, à remplir ce qui avoit été promis, quelle qu'en
dût être la suite. C'étoit la moindre expia-
tion des torts de l'Angleterre envers l'Amérique, et ce qu'elle pouvoit faire de mieux
pour elle-même; car une paix générale vous
auroit conservé beaucoup de millions sterling,
que la durée de la guerre vous fera perdre.

Le Sens Commun.

A Philadelphie,
   le 9 octobre 1782.

P. S. Le manuscrit de cette lettre, mylord, vous a été adressé par la voie de New-Yorck (1). Il renferme une lettre de moi à l'abbé Raynal, laquelle pourra servir à vous donner quelque idée des principes et des sentimens des Américains.

______

(1) L'armée angloise étoit encore en possession de New-Yorck.

PENSÉES

SUR LA PAIX,

Et sur les avantages qui peuvent en résulter pour les Etats-Unis de l'Amérique.

LE temps des épreuves est passé (1); et la plus grande, la plus glorieuse révolution qui ait jamais étonné le monde, est heureusement achevée.

Mais quoique le passage du tumulte de la guerre à une tranquille paix soit bien doux à la pensée, il exige que nos sens y soient graduellement préparés. Le calme même nous étourdit quand il survient tout-à-coup. La cessation soudaine d'une longue et cruelle tempête ne cause que de l'étonnement, et il faut qu'on ait le temps de revenir à soi-même pour être disposé à jouir du repos. Ce n'est que rarement que l'ame peut supporter des transitions rapides. Elle

____

(1) C'est à présent le temps où nos ames sont éprouvées. *Les Crises*, n°. 1, 19 décembre 1776.

a besoin de réfléchir à ses plaisirs avant de pouvoir se livrer complétement à de nouvelles jouissances.

Dans la circonstance actuelle, l'importance de l'objet que nous poursuivions, l'incertitude où nous avons long-temps été de l'atteindre, les périls nombreux auxquels nous avons échappé, le point élevé où nous sommes parvenus, et la vaste perspective qui se présente à nous, tout nous invite à nous livrer à quelques instans de recueillement.

Voir en nos mains le pouvoir de rendre un monde heureux ; enseigner aux hommes à le devenir ; déployer sur la scène du monde un caractère jusqu'à présent inconnu ; être chargés, enfin, du soin d'une nouvelle création : voilà les honneurs qui exigent notre méditation, et qui ne peuvent être ni trop estimés, ni reçus avec trop de reconnoissance.

C'est donc au moment où les orages s'éloignent de nous, et où nos ames long-temps agitées se préparent au repos, que nous devons porter nos regards sur ce que nous avons souffert, et apprendre du passé ce que nous devons faire pour l'avenir.

Jamais, je le répète, aucune autre nation n'eut tant de moyens de bonheur. Ses premiers instans sont comme un doux matin, sans nuages, et donnant l'espérance d'un beau jour. Sa cause est juste, ses principes généreux, son caractère ferme et tranquille, sa conduite réglée par la plus grande délicatesse ; et tout ce qui est autour d'elle porte l'empreinte de l'honneur.

Tous les peuples n'ont pas eu un tel commencement. Que dis-je ? Il n'y en a peut-être pas un seul qui puisse s'en glorifier. Les premiers établissemens de l'Amérique sont dignes de sa révolution. Rome, jadis l'orgueil et la dominatrice du monde, Rome fut fondée par une bande de brigands. Le pillage et la rapine l'enrichirent ; sa tyrannie l'agrandit. Mais l'Amérique n'a point à rougir de son origine, ni des divers degrés par où elle s'est élevée à l'empire.

Si elle agit donc désormais avec sagesse, le souvenir du passé doit lui inspirer la plus louable de toutes les ambitions, celle d'ajouter à sa gloire première. L'univers a été témoin de ses désastres. Il l'a vue combattant, sans espoir de secours, contre des obstacles accumulés ; résistant au malheur avec fierté, même avec orgueil, et redoublant de courage à mesure que la tempête augmentoit. Ces éloges lui sont dus ; le caractère qu'elle a montré les a mérités. Il faut donc qu'à présent on voie qu'elle sait supporter la prospérité, et que dans la paix ses douces vertus sont égales aux vertus intrépides qu'elle a déployées dans la guerre.

Les Américains vont se livrer maintenant aux scènes paisibles de la vie domestique. Ils ne s'asseyeront point sous le cyprés des revers ; mais ils jouiront dans leurs champs, à l'ombre de leurs treilles, du fruit de leurs travaux et de la douce récompense de leurs fatigues. Peuvent-ils alors oublier jamais qu'une bonne réputation nationale est aussi importante pour eux que l'indépendance même ; parce qu'elle possède un charme qui gagne les cœurs étrangers, et adoucit même les ennemis ; parce qu'elle donne une dignité supérieure à la force, et inspire plus de respect que la pompe et la splendeur ?

Il seroit à jamais déplorable qu'une seule tache, de quelle cause qu'elle pût venir, souillât une révolution qui, jusqu'à la fin des siècles, doit honorer la génération qui l'a accomplie, et qui a plus contribué à

éclairer le monde et à répandre l'esprit de
liberté, qu'aucun autre évènement humain,
si tant est pourtant qu'un tel évènement ne
soit pas au-dessus de l'humanité.

Ce n'est point une des moindres calamités
de la guerre que de rendre l'ame incapable
de jouir de ces sensations délicates qui,
dans d'autres temps, lui semblent si douces.
Le spectacle continuel du malheur émousse
la sensibilité, et l'habitude forcée de le voir
le rend presqu'indifférent. C'est ainsi que
beaucoup d'obligations morales dans la
société sont négligées, et alors la nécessité
excuse ce qui est véritablement un crime.
Cependant, qu'une nation se fasse une haute
idée de son caractère, et elle le conservera
rigoureusement. Jamais il n'y en eut aucune qui commençât, à cet égard, plus heureusement que la nation américaine, et qui
fût plus dans l'obligation de justifier sa renommée.

On doit à peine parler de la dette contractée par l'Amérique, si on la compare à
la cause qu'elle a gagnée, et à tous les avantages qui en résultent. Les Américains sont
à présent les maîtres de vivre et d'agir
comme il leur plaira. Le monde est dans

leurs mains. Aucune puissance étrangère ne
peut plus restreindre leur commerce, embar-
rasser leur législation, et s'opposer à leur
prospérité. Elle est terminée la querelle
qui auroit dû nécessairement avoir lieu tôt
ou tard, mais qui ne pouvoit jamais arriver
dans un moment plus favorable (1). Au lieu

---

(1) L'événement a suffisamment prouvé que la révolution de l'Amérique a commencé très à propos. Mais
le grand pivot sur lequel portoit toute la machine, c'est
l'*union des treize Etats*, et cette union dut naturellement avoir lieu, parce qu'aucun de ces Etats ne pouvoit
se défendre, sans le secours des autres, contre une puissance étrangère.

Si les Etats-Unis avoient eu moins de force au commencement de la guerre, ils auroient été au-dessous de
leur entreprise, et suivant toutes les probabilités
humaines, ils auroient échoué. D'un autre côté, s'ils
avoient été individuellement plus puissans, ils n'auroient pas vu, et ce qui est bien plus, ils n'auroient
pas senti la nécessité de se réunir; et en voulant résister chacun en particulier, ou en formant des alliances
partielles, ils eussent été conquis.

Nous ne voyons pas le moment, et il doit se passer
bien des siècles avant qu'il arrive, où la force d'un état
en particulier, ou d'une partie d'entr'eux réunis puisse
égaler celle qu'ils ont à présent tous ensemble; et nous,
avons senti l'extrême difficulté qu'il y avoit à soutenir

de continuer à languir sous un maître, nous avons gagné un allié, dont la grandeur digne de servir d'exemple, et la générosité sans bornes, ont forcé les éloges de ses ennemis même.

Favorisés des douceurs de la paix, de l'indépendance, d'un commerce universel, les États-Unis, individuellement et collectivement, auront assez de temps et d'occasion pour régler leurs intérêts domestiques,

---

la guerre avec succès, malgré notre union, et à conserver, aux yeux de l'univers, la dignité de notre nation. Ainsi à moins que nous ne perdions toute prudence, l'expérience doit nous apprendre à connoître les avantages et la nécessité de fortifier encore l'union à laquelle nous devons notre salut.

Tandis que j'écrivois cette note, j'ai jetté les yeux sur le pamphlet intitulé : *le Sens Commun*, et j'en vais citer un passage parfaitement applicable à la circonstance.

« Je n'ai jamais en Angleterre, ni en Amérique, vu d'homme qui ne soit convenu que ces deux états se sépareroient tôt ou tard ; et nous n'avons jamais montré moins de jugement, que lorsque nous nous sommes efforcés de prouver que le continent étoit mûr pour l'indépendance, puisque c'étoit inutile.

» Tout le monde convient bien qu'une séparation doit avoir lieu : mais on ne s'accorde pas sur le temps.

et ôter à la calomnie tout prétexte d'attaquer leur honneur. Il est plus aisé de conserver sa réputation que de la recouvrer quand on l'a perdue ; et l'homme, s'il en est quelqu'un, qui par des vues sinistres, ou par une bassesse d'ame, cherche en secret à nous frapper de ce côté là , nous fait une blessure qu'il n'est plus en son pouvoir de guérir.

Nous avons préparé un héritage pour la postérité : laissons-le lui donc parvenir pur

---

Essayons donc d'écarter les erreurs. Jettons un coup-d'œil général sur l'état des choses , et tâchons de fixer , s'il est possible, le vrai moment d'une séparation. Mais nous n'avons pas besoin d'aller bien loin : nous sommes arrêtés dans nos recherches ; car le temps nous a surpris. Le concours , l'accord de tout ce qui peut favoriser ce grand événement , prouvent cette vérité.

» Notre force n'est point dans le nombre des Américains, mais dans leur union; et cependant nous sommes déjà en assez grand nombre pour repousser le monde entier. Le continent a, en ce jour, l'armée la plus nombreuse et la mieux disciplinée de la terre. Ses forces sont telles , qu'aucune colonie seule , il est vrai, ne pourroit se défendre elle-même, mais que toutes réunies peuvent parfaitement assurer leur indépendance. Ses forces sont tout ce qu'il lui faut : plus ou moins seroi, également dangereux ».

et sans tache. Eh ! combien il coûte peu, comparé avec l'importance des États-Unis, la grandeur de l'objet et la valeur inappréciable d'une bonne renommée !

Mais ce qui doit frapper davantage les ames pensantes, ce qui renferme et rend aisés tous les intérêts subalternes, c'est l'union de nos états. C'est de-là que dépend le grand caractère national qui doit nous distinguer ; c'est ce qui nous donnera et de la sécurité au-dedans, et de la considération au-dehors. Ce n'est enfin que par-là que nous pouvons être dignement connus de l'univers. Le pavillon, emblême de l'union des treize états , garantira la sûreté de nos vaisseaux et de notre commerce sur les mers et dans les ports étrangers. Il nous obtiendra l'entrée de la Méditerranée. Tous nos traités d'alliance , de paix, de commerce sont conclus par les États - Unis, et l'Europe ne nous connoît pas sous d'autre nom.

Il nous convient mieux intérieurement d'avoir un empire divisé en plusieurs états : mais au-dehors cette division cesse. Chaque état a ses affaires locales qui ne peuvent être traitées que dans son sein : mais si le plus riche d'entr'eux employoit tous ses revenus pour défendre en particulier sa souveraineté contre une agression étrangère, il ne pourroit pas réussir. En un mot, nous n'avons de souveraineté nationale que celle des États-Unis. Elle nous seroit même fatale, et elle nous deviendroit impossible à soutenir si le gouvernement étoit très-dispendieux.

Les individus, ou les états particuliers, peuvent s'appeller eux-mêmes comme ils voudront; mais les nations étrangères, et sur-tout les nations ennemies, ne sont point effrayées du bruit d'un vain nom. La souveraineté doit avoir le pouvoir de protéger tout ce qui concourt à la former; et comme *états unis*, nous sommes dignes d'être une nation souveraine; mais autrement nous ne pouvons pas l'être. Notre fédération, sagement réglée et bien cimentée, est le moyen le moins dispendieux d'être considérés, et le plus aisé d'être puissans. C'est enfin le genre de gouvernement le plus heureux que les circonstances permettent à l'Amérique d'admettre, parce qu'il recueille dans les divers états des moyens de puissance, dont l'agrégation

offre une masse imposante, et qui autrement seroient inutiles à chacun en particulier.

Les états de Hollande offrent un exemple malheureux des effets d'une souveraineté divisée. Ils restent sans cesse exposés
aux intrigues, aux revers, à des calamités sans nombre. Il leur est presqu'impossible de prendre jamais une détermination
certaine ; et cette détermination devient
alors pour eux, comme les nôtres devien-
droient pour nous, si nous étions dans le
même cas, une source intarissable de malheurs.

Il en est des états confédérés, comme des
hommes en société. Il faut faire quelque
petit sacrifice pour assurer tout ce qu'on
possède : alors nous gagnons par ce que
nous donnons, et l'intérêt que nous reti-
rons annuellement est plus considérable
que le capital. Je me sens toujours blessé
lorsque j'entends parler avec peu d'égards,
de l'union générale, ce grand palladium
de notre liberté et de notre sécurité. C'est
pourtant ce qu'il y a de plus sacré dans la
constitution américaine, et ce qui devroit
intéresser et énorgueillir tous les habitans

de

de ces contrées. Le titre de citoyen des États-Unis est notre caractère national : celui de citoyen de tel ou tel état n'est qu'une distinction locale. Par ce dernier on nous connoît chez nous ; par l'autre nous sommes connus dans tout l'univers. Notre principale dénomination est celle d'Américains : les autres varient avec les lieux où nous vivons.

J'ai employé tous mes efforts à concilier les affections, unir les intérêts et rapprocher les opinions de mes compatriotes ; et pour mieux réussir dans ce projet si essentiel , sur lequel repose notre liberté , j'ai refusé tous les emplois , toutes les places, tant dans l'état que j'habite que dans le gouvernement général des Etats-Unis , je me suis tenu éloigné de tous les partis ; et j'ai dédaigné tout intérêt particulier. Quand nous considérons les grandes choses que nous avons faites, et que nous sentons , comme nous le devons, leur importance , nous voyons que les disputes indécentes , les querelles de parti sont aussi funestes à notre honneur qu'à notre repos.

C'est la cause de l'Amérique qui m'a fait devenir auteur. Elle fit sur mon ame une si forte impression ; et mon pays me parut dans un si grand péril , quand je vis qu'au lieu de prendre le seul parti qui pouvoit le sauver , la déclaration de l'indépendance , on cherchoit une réconciliation impossible et contre nature , avec ceux qui vouloient le soumettre, qu'il me fut impossible de garder le silence. Aussi , si en travaillant pour l'Amérique pendant plus de sept ans , je lui ai rendu quelque service, j'ai aussi étendu la gloire des lettres , en les faisant servir avec candeur et désintéressement à la grande cause du genre humain, et en montrant que l'esprit ne se prostitue pas toujours.

L'indépendance de l'Amérique m'a toujours semblé probable et praticable, pourvu que l'esprit des Américains y fût bien disposé. Il n'y a peut-être pas d'exemple au monde d'un peuple aussi nombreux et aussi attaché à sa première habitude de penser , et soumis à autant de diverses circonstances , lequel se tourne aussi promptement et aussi efficacement vers la politique et l'indépendance, et conserve son opinion toute entière , malgré toutes les vicissitudes de la fortune , jusqu'à ce qu'enfin il soit couronné du succès.

Mais comme le théâtre de la guerre est formé, et que chacun se prépare à jouir chez lui de jours plus heureux, j'abandonne ce sujet. Je l'ai exactement suivi depuis le commencement jusqu'à la fin, et à travers tous ses tours et détours. Aussi quelque pays que j'habite désormais, je me sentirai plein d'un noble orgueil pour les récits que j'ai publiés à cet égard. Je me sentirai en même temps plein de gratitude envers la providence, parce qu'elle m'a mis à même d'être de quelque utilité au genre humain.

T H O M A S P A I N E.

————

LETTRE AUX AUTEURS

DU RÉPUBLICAIN (1).

Paris, .. juin 1791.

MESSIEURS,

M. DUCHATELET (2) m'a appris que quelques personnes avoient formé le dessein de publier un journal, sous le titre du *Républicain*.

Comme je suis citoyen d'un pays qui ne connoît d'autre majesté que la majesté du peuple, d'autre gouvernement que le gouvernement représentatif, ni d'autre souveraineté que celle des loix, et que ce pays est attaché à la France et par la reconnoissance et par les traités, je vous offre volontiers de contribuer au soutien des principes que je crois aussi honorables pour une nation en particulier, que conformes au bonheur

____

(1) Cette lettre et la suivante ont été d'abord publiées en Angleterre dans le *Morning-Post*.
(2) Achille Duchâtelet.

du genre humain. Je vous offre mes soins avec d'autant plus de zèle que je connois le c ractère moral , littéraire et politique de ceux qui doivent travailler à l'exécution de votre entreprise , et que leur bonne opinion m'honore infiniment.

Cependant je dois vous observer en même temps , que comme je ne sais point le françois , il faudra nécessairement traduire ce que je vous enverrai. Ces écrits , d'ailleurs , vous seront peut-être de peu d'utilité, et vous aurez de moi plus de vœux que de services réels. J'ajouterai que je suis obligé d'aller passer une partie de l'été en Angleterre et en Irlande.

Le public m'ayant fait l'honneur peu mérité de me désigner par le nom du *Sens Commun*, nom que je signe habituellement, je n'en prendrai pas d'autre dans votre journal, afin d'éviter les méprises , et d'empêcher qu'on ne m'attribue des ouvrages qui ne m'appartiendront pas.

Quant à mes principes politiques , je vais essayer dans cette lettre de vous en donner une idée , afin qu'ils ne puissent pas être méconnus.

On doit desirer en beaucoup d'occasions ,

d'éviter tout ce qui peut faire naître la moindre suspicion sur le parti qu'on a adopté : mais il le faut sur-tout aujourd'hui ; et il est indispensable de se servir d'expressions claires et à l'abri de toute fausse interprétation. Je suis donc très-satisfait de voir que votre ouvrage porte le titre de *Républicain*. Ce mot exprime parfaitement l'idée que nous devons nous former du gouvernement en général. *Res publica*, c'est-à-dire, l'affaire publique, l'affaire de la nation.

Quant au mot de *Monarchie*, quoiqu'il soit devenu familier par l'adresse et l'intrigue des cours, il n'en est pas moins un reproche et une insulte pour une nation. Ce mot signifie originairement et immédiatement, *le pouvoir absolu d'un seul individu*, qui peut être un fou, un hypocrite, un tyran ; et il n'admet point d'autre interprétation. La France n'est donc point une monarchie. Ce seroit lui faire outrage que de l'appeller ainsi. L'esprit servile qui caractérise un gouvernement est banni loin de la France ; et, semblable à l'Amérique septentrionale, cette contrée ne doit plus jetter sur la monarchie qu'un regard de dédain.

Parmi les erreurs que l'ignorance monarchique et la bassesse ont semé sur le globe,
celle qui a été inventée avec le plus d'a-
dresse, est l'opinion qui soutient que le gouvernement républicain n'est fait que pour
de petits pays, et que la monarchie au contraire convient à ceux qui ont une grande
étendue. Tel est le langage des cours ; tel
est le sentiment qu'elles ont su faire adop-
ter dans les contrées soumises à leur domination, sentiment qui est pourtant démenti
par les principes et par l'expérience.

Un gouvernement, pour être d'une utilité réelle, doit avoir une parfaite connoissance de toutes les parties, de tous les rapports, de tous les intérêts de la nation. Or,
la monarchie, au lieu d'être assortie à une
vaste contrée, ne devroit convenir qu'à un
petit territoire où l'on peut supposer qu'un
individu connoît les affaires et les intérêts
de tous. Mais quand il s'agit de connoître
les affaires d'un grand pays, la capacité d'un
homme ne peut être proportionnée à la mul-
tiplicité des objets qu'il a besoin d'embrasser,
et le gouvernement tombe inévitablement de
l'ignorance dans la tyrannie. Pour preuve de
cette vérité, nous n'avons qu'à jetter les yeux

sur l'Espagne , la Russie, l'Allemagne, la Turquie et tous les empires de l'Orient, contrées pour l'affranchissement desquelles je fais les vœux les plus ardens.

Mais le gouvernement républicain , par élection et représentation , offre les seuls moyens connus , et, suivant moi, les seuls possibles de proportionner les connoissances de l'administration à l'étendue du pays.

Le système de la représentation offre à une nation le centre le plus fort, le plus puissant qu'on puisse imaginer : son attraction agit avec tant de force qu'on l'approuve, même sans en examiner la cause. La France , malgré sa vaste étendue , et l'éloignement de quelques-unes de ses parties, forme actuellement un tout dans sa représentation *centrale*. Le citoyen est certain que ses droits sont protégés, et le soldat sent qu'il n'est plus l'esclave d'un despote, mais qu'il devient partie de la nation et personnellement intéressé à la défendre.

Quelques états qu'on appelle à présent *républicains*, tels que la Hollande, Gênes, Venise, Berne, sont indignes de ce nom.

Ils sont au contraire en opposition avec tous les principes de la république ; et le peuple y est, à proprement parler, l'esclave d'une tyrannie aristocratique.

Peut-être dès les premiers pas qu'on fait dans une révolution, est-il impossible de ne pas commettre quelque erreur en théorie ou en pratique, et même dans l'une et dans l'autre à la fois. Avant que l'esprit d'une nation soit assez éclairé, avant que tous ceux qui la composent aient pris l'habitude d'une communication franche et mutuelle de leurs idées, une certaine réserve, une timide prudence s'empare des ames et les empêche de s'élever à leur hauteur, avec la vigueur et la promptitude convenables. Le commencement de la révolution françoise a offert un exemple de ce que je dis : mais heureusement il a été connu avant l'achèvement de la constitution, et il est encore temps d'y remédier.

L'hérédité de la couronne ne peut jamais exister comme un *droit* : c'est une *nullité*, un *rien*. Admettre une pareille idée, c'est regarder les hommes comme la propriété d'un individu né ou à naître : c'est considérer nos enfans, toute notre postérité

comme des animaux sans droit et sans vo=
lonté : c'est enfin l'idée la plus basse, la plus
humiliante qui ait pu dégrader l'homme ;
et pour l'honneur de l'humanité on devroit
en effacer jusqu'à la trace.

Un gouvernement héréditaire est si contraire aux droits de l'homme, que si après
notre mort nous devions être rappellés à
l'existence, au lieu d'être remplacés par nos
descendans, nous ne pourrions pas d'avance
nous priver de ces droits destinés à nous
appartenir. Sur quel fondement, par quelle
autorité osons-nous donc dérober leurs
droits à des enfans qui seront bientôt des
hommes ? Pourquoi ne sommes-nous pas
frappés de la criante injustice que nous
faisons à nos neveux, en entreprenant de
les laisser, comme de vils troupeaux, en héritage à des maîtres dont on ne peut prévoir
que les vices.

Quand la constitution françoise sera plus
d'accord avec les droits de l'homme, nous
pourrons avec justice donner à la France
le nom d'*empire civique* ; car son gouvernement sera l'empire des loix fondé sur
les principes républicains de la représentation élective et des droits de l'homme.

J'espère que je viens de vous prouver suffisamment que je suis un bon républicain ; et j'ai tant de confiance dans la justice de ces principes, que je ne doute que bientôt ils ne soient adoptés en France aussi universellement qu'en Amérique. On se glorifiera d'en démontrer l'évidence, de contribuer à les faire recevoir ; et les hommes rougiront de la monarchie.

Je suis, etc.

THOMAS PAINE.

LETTRE
A L'ABBÉ SYEYES.

Paris, le 8 juillet 1791.

Au moment de partir pour l'Angleterre, je viens de lire dans le *moniteur* de jeudi dernier, la lettre par laquelle vous donnez un défi au sujet des gouvernemens, en offrant de défendre ce qu'on appelle la *monarchie* contre la république.

J'accepte, avec plaisir, votre défi ; et j'ai tant de confiance dans la supériorité du systême républicain sur la nullité du systême monarchique, que je m'engage de la prouver dans une brochure de cinquante pages au plus, en vous laissant la liberté de vous étendre autant que vous le jugerez convenable.

Le respect que j'ai pour votre caractère et pour vos talens, doit vous être garant de la candeur que j'apporterai dans cette discussion. Mais quoique mon intention soit de traiter ce sujet sérieusement et loyalement, permettez-moi de jetter un peu de ridicule sur les absurdités monarchiques quand l'occasion s'en présentera.

Je n'entends point par république, ce que ce mot signifie en Hollande, et dans quelques parties de l'Italie. J'entends simplement un gouvernement représentatif, un gouvernement fondé sur les principes de la déclaration des droits ; principes avec lesquels une grande partie de la constitution françoise est en contradiction. La déclaration des droits en France et celle de l'Amérique se ressemblent par les principes et presque par les expressions, et voilà le républicanisme que je veux défendre contre le monarchisme et l'aristocratie.

Je vois avec plaisir que nous sommes déjà d'accord sur un point; c'est-à-dire, sur l'extrême danger d'une liste civile de trente millions. Je ne puis concevoir pourquoi une des parties du gouvernement est traitée avec une si extravagante profusion, tandis que les membres qui composent l'autre partie, reçoivent à peine de quoi subsister.

Cette disproportion dangereuse et déshonorante a le double inconvénient de fournir à l'un de puissans moyens de corrompre, et de mettre les autres dans le cas d'être soupçonnés de corruption. En Amérique, il n'existe que peu de différence entre le traitement du corps législatif et celui du pouvoir exécutif. Mais le corps législatif y est beaucoup mieux traité qu'en France (1).

De quelque manière que j'écrive sur le sujet que vous avez proposé de discuter, j'espère, monsieur, que vous ne douterez pas de la haute estime que j'ai conçue pour vous. Je dois ajouter que je ne suis point l'ennemi personnel des rois : tout au contraire. Personne au monde ne desire plus sincérement que moi de les voir tous dans l'honorable et paisible condition de la vie privée. Mais je suis l'intrépide ennemi de ce qu'on appelle monarchie, et je le suis par des principes que rien ne peut ni corrompre ni altérer ; par mon amour pour l'humanité, par le zèle ardent que m'inspirent l'honneur et la dignité de la race humaine ; par le dégoût que je sens, quand je vois des hommes conduits par des enfans

____

(1) Chaque membre du Congrès reçoit une guinée et demie par jour ; et la vie est moins chère en Amérique qu'à Paris.

et gouvernés par des brutes ; par l'horreur que me cause le spectacle des maux que les monarchies sèment sur ce globe ; par les frémissemens, dont je ne puis me défendre, quand je songe aux calamités, aux exactions, aux discordes, aux massacres que le genre humain doit à ce gouvernement barbare : en un mot, c'est à tout l'enfer de la monarchie que j'ai déclaré la guerre.

THOMAS PAINE.

LETTRE PREMIÈRE

A M. HENRI DUNDAS,

Secrétaire d'état.

Londres, le 6 juin 1792.

MONSIEUR,

C'EST vous, qui, le 25 mai dernier, avez ouvert dans la chambre des communes, les débats sur la proclamation royale pour la suppression des écrits que, sans en désigner aucun, cette proclamation traite de méchans et de séditieux. Vous avez plus fait ; vous avez appliqué ces épithètes au livre intitulé LES DROITS DE L'HOMME : je n'ai donc pas besoin d'autres raisons pour vous adresser cette lettre.

Je commence par déclarer que je ne crois pas que parmi les ouvrages politiques, anciens ou modernes, il y en ait où l'on trouve plus d'amour de l'humanité, ni plus d'attachement aux principes de la morale, que dans ceux que j'ai publiés.

J'ai

J'ai voyagé, monsieur, dans différens pays ; j'ai vécu sous différens gouvernemens, j'en ai étudié l'organisation ; et je suis dans cette partie plus en état de juger que vous ne pouvez l'être, vous qui n'avez pas eu les mêmes occasions que moi de vous en instruire. En outre, monsieur, mes écrits partent d'un cœur incapable de se déguiser.

Je dirai, de plus, que quand il arrivera pour moi ce moment, où la plus douce des consolations qui reste à l'homme, est de porter ses yeux sur sa vie passée, et de se rappeller le bien qu'il a pu faire, je mettrai mon bonheur à avoir écrit LES DROITS DE L'HOMME.

Quant aux proclamations, aux persécutions, aux propos des gens en place, des gens qui attendent des places, de ceux qui ont des pensions, ou de ceux qui les postulent, tout cela ne peut altérer le mérite de mon ouvrage, ni aux yeux du public, ni aux miens.

A présent, monsieur, je vais faire quelques remarques, non pas particulièrement sur votre discours, mais sur tous ceux que votre motion a occasionnés ; et je commencerai par celui de M. Adams.

Cet orateur m'accuse de n'avoir pas *fait* précisément ce que *j'ai fait*, et il dit que si je l'avois fait, il ne m'auroit point accusé.

Voici comment s'exprime M. Adams, suivant le Morning Chronicle, du 26 mai.

« J'ai bien considéré l'objet de tous ces » écrits sur la constitution, et je ne suis » nullement porté à dire, (mais au con- » traire) que les livres sur la science du gou- » vernement , quoique vantant une doc- » trine , ou un système différent de notre » constitution (c'est-à-dire) de la consti- » tution angloise , doivent être l'objet » d'une poursuite. Si je le disois , il fau- » droit que je condamnasse (ce qui signi- » fie qu'il ne condamnât point) Harring- » ton , pour son *Océana*, sir Thomas Mo- » rus , pour son *Eutopie* , et Hume, pour » son *Idée d'une République*. Mais l'ou- » vrage de M. PAINE est fort différent ; car » il ravale ce qu'il y a de plus sacré dans » notre constitution ; il détruit tout prin- » cipe de subordination , et il ne met rien » à la place ».

Je m'apperçois aisément que M. Adams

n'a point lu la seconde partie des *Droits de l'homme* ; et me trouvant dans la nécessité de tomber sous le coup d'une fausse inculpation ou de la réfuter, je préfère assurément le dernier parti.

Si je prouve à M. Adams, qu'en raisonnant sur les divers systêmes de gouvernement dans la seconde partie des *Droits de l'homme*, j'ai, je crois, fait connoître, autant que les mots peuvent rendre les idées, un mode de gouvernement, non-seulement existant en théorie, mais déjà en pratique, lequel est affranchi de toutes les défectuosités, de tous les vices de celui d'Angleterre, et propre à procurer plus de bonheur au peuple, quoiqu'il n'oblige pas à payer la huitième partie des impôts qu'on paie dans la Grande-Bretagne ; alors j'espère qu'à la première séance de la chambre des communes M. Adams sera assez juste pour avouer hautement qu'il s'est trompé, en disant que j'ai détruit tout principe de subordination, et que je n'ai rien établi. A présent j'en vais venir au vrai point de la question.

Dans la seconde partie des *Droits de l'homme*, j'ai distingué deux sortes de gouvernement ; l'un héréditaire , l'autre représentatif.

Dans la première partie de mon livre, j'ai démontré, et je défie qui que ce soit de réfuter mes argumens ; j'ai démontré, dis-je, que le gouvernement héréditaire n'est fondé sur aucun droit, ou, en d'autres termes, que ceux qui gouvernent héréditairement n'ont pas le droit de gouverner , parce qu'un gouvernement héréditaire signifie toujours un gouvernement qui se prolongera dans l'avenir, et les hommes qui vivront alors, auront aussi bien le droit de choisir un gouvernement que ceux qui auront vécu avant eux.

Je n'ai point répété ces choses-là dans la seconde partie de mon ouvrage, parce qu'elles sont irréfragables. Je me suis attaché seulement à démontrer les vices de ce qu'on appelle un gouvernement héréditaire. J'ai prouvé que ce genre de gouvernement devoit nécessairement tomber souvent dans les mains d'hommes sans principes, ou dépourvus de capacité. Jacques II nous fournit un exemple du premier cas, et presque tous les trônes de l'Europe pourroient nous en fournir du second.

Pour mieux démontrer encore l'absurdité du gouvernement héréditaire , je vais faire une hypothèse. Si l'on prenoit cinquante hommes au hasard , il seroit certainement bien extraordinaire qu'il y eût plus d'un de ces hommes qui réunît à la fois assez de talens et de vertus (car les uns peuvent avoir des vertus , et les autres des talens) pour être propre à remplir une de ces places éminentes qu'accorde la confiance nationale. Si l'on ne peut donc pas espérer de trouver plus d'un homme aussi accompli sur le nombre de cinquante , il n'arrivera peut-être qu'une fois en dix siècles , que dans une même famille le fils aîné ait des qualités dignes du trône , et règne vingt ans. M. Adams parle de quelque chose de *très - sacré* dans la constitution , ce sont du moins ses expressions ; mais j'espère que s'il y a quelque chose de très-sacré , ce n'est point l'hérédité du trône , laquelle me semble à moi , une violation de la nature et du sens commun.

Lorsque je parcours l'histoire , et que je vois des multitudes d'hommes exposer leurs familles à être ruinées , et périr eux-mêmes en défendant des lâches ou des fous , parce qu'ils n'ont point réfléchi à l'absurdité du gouvernement héréditaire , je crois que le plus grand service qu'on puisse rendre au genre humain , c'est d'essayer de briser les chaînes de la superstition politique : mais ces chaînes commencent à se rompre ; et les proclamations , les persécutions achèveront bientôt de les détruire.

J'ai prouvé qu'un gouvernement héréditaire est un gouvernement mauvais et sujet à toutes les défectuosités possibles. Je vais parler à présent du gouvernement représentatif dont M. Adams peut voir un tableau dans la seconde partie des *Droits de l'homme.* Je regarde la théorie de ce gouvernement, non-seulement comme la meilleure, mais la seule dans laquelle la liberté d'un peuple puisse être assurée d'une manière permanente.

Mais il est inutile à présent de parler de théorie , puisque nous en avons déjà la pratique. Oui , il existe depuis près de vingt ans un gouvernement fondé sur les droits de l'homme. M. Pitt, dans un discours prononcé depuis peu, a dit : « qu'il n'y avoit ja- » mais eu, qu'il ne pourroit jamais y avoir » un gouvernement établi d'après ces droits ;

» et que s'il commençoit à midi, il finiroit » dans la soirée ». Mais M. Pitt n'est pas encore un bon écolier dans ce genre de science. Sa pratique s'est bornée à *extorquer des impôts*, et son orgueil est de pouvoir dire : *combien ?* —— L'orgueil du gouvernement dont je parle n'est pas de dire *combien !* mais *combien peu !*

Le gouvernement purement représentatif et exempt d'une hérédité insensée, a commencé à être pratiqué en Amérique. Je veux comparer ici ce système de gouvernement avec celui du gouvernement d'Angleterre, et je montrerai l'effet que l'un et l'autre ont eu pendant la guerre, et depuis que la guerre est terminée.

Le gouvernement représentatif est si puissant, d'abord en réunissant et consolidant toutes les parties d'un pays, quelque grand qu'il soit, et ensuite en n'admettant à la tête des affaires que des hommes propres à les administrer, et les renvoyant s'ils administrent mal; ce gouvernement, dis-je, est si puissant, que dans les Etats-Unis de l'Amérique, il a servi à combattre et renverser tous les projets du gouvernement héréditaire des Anglois. La révolution et l'indé-

pendance de l'Amérique prouvent assez ce
fait , sans que j'aie besoin de m'étendre
davantage là-dessus.

Voici maintenant la comparaison de ce
qui s'est passé depuis la guerre en Angleterre et en Amérique. Je prie M. Adams de
vouloir bien y faire quelque attention.

L'Amérique a soutenu sept années d'une
guerre intérieure, à quoi l'Angleterre n'a
pas été exposée. Elle n'a eu besoin que de
payer les frais de la guerre : mais l'Amérique a également payé les frais de la guerre , et elle a souffert de plus la perte de
tout ce que son armée et l'armée ennemie
ont détruit. Les fermes , les plantations
situées le long des côtes ont été ravagées
dans l'étendue de plus de trois cent trente
lieues. Son commerce a été anéanti ; ses
vaisseaux sont devenus la proie de l'ennemi , ou ils ont pourri dans les ports. Les
fonds sont tombés de plus de quatre-
vingt - dix pour cent ; c'est-à-dire , que
cent livres sterling de son papier ne valoient pas réellement dix livres. En un mot,
à la fin de la guerre , il sembla qu'elle avoit
reculé de cent ans ; ce qui etoit bien différent en Angleterre.

Mais tel est l'avantage d'un gouvernement représentatif, que quoique celui de l'Amérique fût moins bien organisé qu'il ne l'a été depuis, il lui fit d'abord conquérir sa liberté, et ensuite il a réparé toutes ses pertes. Maintenant l'Amérique offre le spectacle d'un peuple qui jouit de plus de liberté, d'aisance et de bonheur qu'aucune autre nation de la terre. Ses villes ont été rebâties et sont bien plus belles qu'elles n'étoient auparavant. Ses fermes, ses plantations n'ont jamais été dans un état aussi florissant. Son commerce s'étend dans le monde entier, et ses fonds dont cent livres sterling n'en valoient que dix, valent à cette heure jusqu'à cent vingt livres les cent.

M. Pitt et ses collègues parlent de ce qui s'est passé sous leur administration enfantine, sans savoir qu'il est arrivé de bien plus grandes choses dans d'autres pays, et dans des gouvernemens dont le système est tout différent du gouvernement anglois.

Je vais mettre ici l'état des dépenses des deux gouvernemens d'Amérique et d'Angleterre telles qu'elles ont lieu en ce moment. Mais il est d'abord nécessaire d'observer que le gouvernement en Amérique est ce qu'il doit être ; les places y sont le prix de l'honneur et de la confiance, et on ne les regarde point comme l'objet d'un trafic lucratif.

Le produit des taxes en Angleterre sans y comprendre les frais de perception, les saisies, les condamnations, les amendes, les droits d'office, de procédure et d'information, qui sont d'heureux moyens d'augmenter l'impôt, est de dix-sept millions sterling. Sur cette somme, il faut ôter environ neuf millions sterling pour les intérêts de la dette nationale, et le reste qui est à-peu-près de huit millions sert aux dépenses courantes. Je vais offrir à présent l'objet de comparaison.

Les dépenses des divers départemens du gouvernement représentatif des Etats-Unis de l'Amérique, qui ont une étendue presque deux fois plus considérable que celle de l'Angleterre, s'élèvent à deux cent quatre-vingt-quatorze mille cinq cent cinquante-huit dollars, ce qui, à 4 schellings 6 deniers par dollar, fait 65,015 livres 11 sols sterling ; en voici la répartition.

Dépenses du pouvoir exécutif.

Le président ne reçoit rien pour lui-même ; mais les frais de sa place se montent à . . . . : 5,625 l.
Le vice-président 1,125
Le chef de la justice 900
Les cinq juges adjoints 3,037 10
Les neuf juges des districts et le procureur général 6,873 15

Pouvoir législatif.

Les membres du Congrès à 1 liv. 7 s. sterling par jour, leurs secrétaires, chapelains, messagers, huissiers, etc. 25,515

Trésorerie.

Secrétaire, assistant, contrôleur, auditeur, trésorier, greffier, garde du bureau des prêts dans chacun des états, avec tous les commis, etc. 12,825

Département de l'intérieur et des affaires étrangères.

Secrétaire , commis, etc. 1,046 5

56,947 l. 10 s.

De l'autre part, 56,947 l. 10 s.

Département de la guerre.

Secrétaire, commis, papiers, commis-saire, etc. 1,462 10

Commissaires pour le réglement des anciens comptes.

Tous les frais 2,598 15

Frais ordinaires et extraor-dinaires.

Chauffage, papier, plumes, impres-sion, etc. 4,006 16

TOTAL . . . 65,015 l. 11 s

Les incursions des Indiens dans nos éta-blissemens reculés, obligent en ce moment le Congrès d'avoir six mille hommes sur pied, indépendamment d'un régiment d'in-fanterie, et d'un bataillon d'artillerie tou-jours subsistant ; et l'entretien de ces troupes fait, pour le département de la guerre, un surcroît de dépense de 87,795 liv. ster-ling. Mais quand la paix sera conclue avec les Indiens, la plus grande partie de cette dépense n'aura pas lieu ; et la totalité des frais du gouvernement en y comprenant l'armée, ne s'élèvera pas à plus de cent mille livres sterling par an ; ce qui, ainsi que je l'ai déjà observé, n'est pas plus d'un huitième de la dépense du gouvernement anglois.

J'invite et M. Adams, et M. Dundas, et tous ceux qui parlent de constitutions, de bienfaits de la constitution, de rois, de lords, et Dieu sait de quoi encore, je les invite, dis-je, à jetter les yeux sur l'état que je viens de tracer. Le gouvernement américain est sans contredit mieux organisé, mieux administré que tout autre ; et il ne coûte que cent mille livres sterling par an. Cependant les membres du Congrès reçoivent un dédommagement du temps qu'ils donnent aux affaires publiques. Chacun a une livre sterling et sept schellings par jour, ce qui fait près de cinq cents livres sterlings par an.

Ce gouvernement est exempt de crainte. Il n'a pas besoin de faire des proclamations pour empêcher de lire ou d'écrire. Il n'a pas besoin de se soutenir par une superstition politique. Ce n'est que parce qu'on a excité la discussion, et permis de tout écrire et de tout imprimer en matière politique, que les principes du gouvernement ont été bien entendus dans les Etats-Unis, et que le peuple y jouit de tous les avantages du sien. Vous n'y entendez jamais parler de tumultes, de troubles, de désordres, parce qu'il n'y existe point de cause qui puisse les produire, parce qu'ils ne sont jamais les effets de la liberté, mais bien de la contrainte, de l'oppression et de l'excès des impôts.

On ne connoît point en Amérique cette classe de peuple indigente et malheureuse, qui est si nombreuse dans toute l'Angleterre, et à qui la proclamation royale apprend qu'elle est heureuse. Mais si elle n'existe point dans les Etats-Unis comme en Angleterre, cela vient en grande partie, non de la différence des proclamations, mais de la différence des gouvernemens et de la différence des impôts. Les Américains qui travaillent, emploient leur salaire à leurs propres besoins, à l'éducation de leurs enfans; et ils n'ont pas besoin de le donner à mesure qu'ils le gagnent pour payer des taxes énormes, entretenir l'extravagance de la cour et alimenter la longue liste des gens en place et des pensionnaires. Ils ont, en outre, appris à se respecter eux-mêmes, en hommes qui sentent toute leur dignité, et conséquemment ils savent se respecter les uns les autres, et ils rient de ces êtres imaginaires appellés rois et lords, et de toute la fraude des cours.

Quand les gens en place, les gens à pension ou ceux qui espèrent l'être, sont si prodigues d'éloges envers le gouvernement, cela ne prouve nullement que le gouvernement soit bon. Lisez l'histoire des revenus de la couronne, par sir John Sinclair, à la page sixième de l'appendice, et vous verrez que la liste seule des pensions s'élève à cent sept mille quatre cent quatre livres sterlings ; ce qui est plus considérable que toutes les dépenses du gouvernement d'Amérique.

Je suis à présent plus convaincu que jamais que l'offre de mille livres sterlings, pour le manuscrit de la seconde partie des *Droits de l'homme*, et de la fin de la première partie, ne me fut faite, que parce qu'on avoit envie d'effectuer par une suppression prompte ce qu'on tente à présent par une procédure. Les rapports qui existent entre l'auteur de cette offre et l'imprimerie royale, peuvent fournir le moyen d'approfondir cette affaire lorsqu'il plaira aux ministres de terminer leur procédure.

Mais revenons. J'ai dit dans la seconde partie des Droits de l'homme, et je le répète ici, que le service d'un homme, quel que soit son titre de roi, de président, de sénateur, de législateur, ou tout autre, ne peut valoir nulle part, plus de dix mille livres sterlings par an. Nous possédons en Amérique, à la tête du pouvoir exécutif, un homme (1) plus sage et d'un caractère plus distingué qu'aucun roi que je connoisse, et il ne nous fait pas dépenser la moitié de cette somme ; car quoique les honoraires de sa place soient fixés à cinq mille deux cent soixante - cinq livres sterlings, il n'a pas voulu les accepter , et il ne reçoit que le remboursement des frais accidentels.

Le titre qu'on donne à un homme est, par lui-même, une chose vaine. Ce n'est que le caractère de l'homme et son mérite qui peuvent donner du prix aux titres.

----

(1) Le général Washington.

Sans

Sans cela ceux de roi, de président, de lord ne font que du bruit.

Mais, sans prendre une peine inutile à l'occasion des gouvernemens, je n'ai qu'à répéter ce que j'ai déjà dit dans la seconde partie des Droits de l'homme. J'ai dit qu'il pouvoit se former une alliance entre l'Angleterre, la France et l'Amérique, et que les dépenses du gouvernement d'Angleterre pouvoient être réduites à un million et demi sterling, savoir :

Dépenses du gouvernement civil . . .	5oo,ooo liv.
Armées	5oo,ooo
Flottes.	5oo,ooo
TOTAL . . .	1,5oo,ooo

Cette somme est même quinze fois plus considérable que les dépenses du gouvernement des Etats-Unis. Elle l'est même plus que ne coûtoit en temps de paix, il y a environ cent ans, le gouvernement anglois, tant le fardeau des impôts s'est accru depuis la révolution, et sur-tout depuis 1714.

Pour montrer que cinq cent mille liv. sterling peuvent suffire à toutes les dépenses ordinaires du gouvernement, j'ai fait dans mon ouvrage un tableau approximatif, pour un pays de l'étendue de l'Angleterre, ainsi qu'on va le voir plus bas.

D'abord trois cents représentans librement élus, suffisent pour tout ce qui est du ressort de la législation, et valent même mieux qu'un plus grand nombre.

Si l'on peut donc estimer leurs honoraires à cinq cents livres sterling par an chacun, en déduisant le temps où ils ne seront point en exercice, et que nous comptions six mois de session seulement, le total se montera à . . . . 75,000 l. st.

Les autres départemens ne peuvent pas excéder le nombre d'employés que je vais spécifier. Leurs honoraires seront comme suit :

3 employés à 10,000 liv. chacun . .		30,000
10 *ditto* . . . 5,000		50,000
20 *ditto* . . . 2,000		40,000
40 *ditto* . . . 1,000		40,000
200 *ditto* . . . 500		100,000
300 *ditto* . . . 200		60,000
500 *ditto* . . . 100		50,000
700 *ditto* . . . 75		52,500

TOTAL . . . 497,500 l. st.

Une nation, si elle le veut, peut retenir 4 pour cent sur tous les emplois, ce qui fera vingt mille livres sterling, et réserver cette somme pour le chef du pouvoir exécutif, qu'elle appellera roi, majesté, ou tout comme il plaira.

Cependant en considérant la somme de quinze cent mille livres sterling comme surabondante pour les dépenses du gouvernement, quelle forme qu'il puisse avoir, il resteroit encore en Angleterre six millions et demi sterlings, sur les impôts qu'on perçoit, indépendamment des neuf millions d'intérêts de la dette nationale. J'ai expliqué dans la seconde partie des *Droits de l'homme*, mon idée sur la meilleure manière d'employer cet excédent ; et je continue ici, car je vais parler à présent des dépenses et des économies, non des systêmes de gouvernement.

J'ai estimé la taxe pour les pauvres à deux millions sterlings, et démontré que la meilleure chose à faire d'abord, seroit d'abolir cette taxe ; ce qui soulageroit d'autant tous ceux qui ont des maisons. Ensuite il faudroit consacrer aux pauvres quatre millions sterlings du surplus des taxes, les

quels quatre millions leur seroient payé
en argent et distribués suivant le nombr
d'enfans ou d'impotens qu'il y auroit dan
chaque famille.

J'estime qu'il y a en Angleterre enviro
420 mille personnes des deux sexes, âgée
de 50 ans et au dessus ; et je compte a
rang des pauvres le tiers de ce nombre
c'est-à-dire, 140 mille personnes.

Pour épargner les longs calculs, j'e
mets 70 mille entre cinquante et soixant
ans, et les autres au-dessus de soixante
puis j'alloue six livres sterlings par an, à l
première classe, et dix livres à la seconde
et cette dépense sera, savoir :

70 mille à 6 liv. ster. . . . . 420,000 l. st
70 mille à 10 liv. ster. 700,000

$$\text{Total} \ldots \ 1,120,000$$

Il reste sur les quatre millions sterling
destinés aux pauvres, 2,880,000 livres sterlings. J'ai indiqué deux manières d'employer
cette somme. La première c'est de la distribuer dans les familles à proportion du nombre d'enfans, et à raison de trois ou quatre
livres sterlings par chaque enfant. L'autre

d'en proportionner la répartition à la cherté de la vie dans les différens comtés. Mais dans l'un ou l'autre de ces cas, même avec ce qu'on donneroit aux vieillards, toutes les taxes d'un tiers des familles d'Angleterre seroient supprimées, et le reste de la nation n'auroit point à payer ce qu'on appelle la taxe des pauvres.

Le nombre des familles en Angleterre, en comptant cinq personnes par famille, est de quatorze cent mille. J'estime qu'il y en a un tiers, c'est-à-dire 466,666 de pauvres, qui paient maintenant quatre millions sterlings d'impôts, et dans les cantons les plus pauvres, elles paient chacune au moins quatre guinées par an. Les autres treize millions de revenu sont payés par les familles riches ou non pauvres.

Le plan que j'ai présenté dans mon livre est 1°. de remettre, ou plutôt de repayer les 4 millions sterlings de taxes aux pauvres familles ; car il est impossible de les séparer des autres, d'après la manière dont on lève actuellement les impôts en Angleterre, c'est-à-dire, les taxes qui portent sur les articles de consommation.

2°. Il faudroit abolir la taxe des pauvres

et les taxes sur les maisons et sur les fenêtres , et changer la taxe sur le changement de domicile , en une taxe progressive
sur les grands biens de campagne. J'ai
donné tous les détails sur ces objets dans
la seconde partie des *Droits de l'homme*,
et je prie M. Adams de la consulter.

Je me contenterai de dire ici que dans
une ville peuplée comme Manchester , les
changemens que je propose feroient une
diminution de taxes de 50 mille livres sterlings par an au moins ; et conséquémment
les autres villes du royaume bénéficieroient
à proportion. Cela seroit certainement bien
plus convenable que de payer ces mêmes
sommes et de les voir donner à des courtisans débauchés, qui les prodiguent ensuite
dans leurs orgies nocturnes , à la taverne
de l'Étoile et la Jarretière dans Pall-mall.

Je veux terminer cette partie de ma lettre par un passage de la seconde partie des
Droits de l'homme , livre auquel M. Dundas, qui affiche un luxe scandaleux aux
dépens de la nation , a donné l'épithète
flétrissante de méchant.

« En exécutant mon plan , les loix contre
» les pauvres, lesquelles causent des tour-

» mens continuels , seroient inactives , et
» les frais immenses de la chicane épar-
» gnés. Les ames sensibles cesseroient
» d'être déchirées par le spectacle d'enfans
» couverts de haillons et manquant de pain,
» et de vieillards de soixante et quatre-
» vingt ans obligés de mendier. Le pauvre
» en mourant ne se verroit point rebuté
» et chassé de paroisse en paroisse, comme
» si elles se disputoient à qui ne recevroit
» point son dernier soupir. Les veuves au-
» roient de quoi entretenir leurs enfans ;
» elles ne seroient plus , à la mort de leurs
» maris , attachées sur une charrette, et
» renvoyées comme des criminelles, et les
» enfans ne seroient plus regardés comme
» une charge funeste pour leurs parens.
» L'asyle des malheureux seroit connu ,
» parce que ce seroit pour leur avantage , et
» un grand nombre de petits crimes que la
» pauvreté fait commettre , n'auroit plus
» lieu. Alors les pauvres ainsi que les ri-
» ches , seroient intéressés à soutenir le
» gouvernement , et on n'auroit plus à
» craindre ni trouble, ni rebellion. Vous,
» qui êtes tranquilles chez vous, et qui
» vivez dans l'abondance ainsi que d'autres

» le font en Turquie et en Russie, vous
» vous dites à vous-mêmes : ne nous trou-
» vons-nous pas bien de ceci ? Mais avez-
» vous bien pensé à toutes ces choses ? Si
» vous y réfléchissez, vous vous tairez (1),
» et votre sensibilité ne se bornera pas à vous
» seul ».

Quand on aura restitué ces quatre millions sterlings que paient les pauvres, et
quand on aura aboli la taxe qui porte leur
nom , et les taxes sur les maisons et sur les
fenêtres, et que la taxe sur le changement
de domicile sera changée, il restera encore
un million et demi de surplus des taxes ;
et comme une alliance entre l'Angleterre,
la France et l'Amérique , rendroit les
armées et les vaisseaux de guerre moins
nécessaires ; comme les hommes qui ont
servi long-temps dans les vaisseaux ou dans
l'armée sont encore citoyens, ainsi que le
reste de la nation, et ont droit de participer à tous les avantages nationaux, j'ai dit
dans les *Droits de l'homme*, qu'il faudroit
leur destiner annuellement du surplus des
taxes , 507,000 livres sterlings, réparties de
la manière suivante :

____

(1) Droits de l'homme, deuxième partie, pag. 136.

A quinze mille soldats réformés, 3
schellings par semaine, sans déduction,
durant toute leur vie . . . . 117,000 l. st.

Augmentation de paiemens.

Aux soldats en pied 19,500
Aux officiers réformés 117,000
A quinze mille matelots congédiés, à
3 schellings par semaine 117,000
Augmentation de paie aux autres . . 19,500
Aux officiers de marine congédiés . . 117,000

$$\text{TOTAL} \ldots 507,000$$

Les bornes de cette lettre ne me permettent pas d'entrer dans de plus grands détails. Je l'adresse à M. Dundas, parce que
c'est lui qui commença à parler contre mon
livre, et qu'il desire, j'imagine, d'être mis
en évidence : mais je ne lui écris pourtant
que dans le dessein de me justifier des
inculpations de M. Adams.

M. Adams, ainsi que je l'ai observé au
commencement de cette lettre, considère
les écrits d'Harrington , de Morus et de
Hume ; comme des ouvrages irréprochables
parce que ces auteurs raisonnoient par com-

paraison. Cependant en parlant ainsi, ils n'en traçoient pas moins des plans, des systêmes de gouvernement, non-seulement différens de celui d'Angleterre, mais beaucoup meilleurs. Puis il m'accuse, moi, de m'efforcer de mettre tout en confusion, au lieu de présenter un plan de gouvernement pour mettre à la place de celui que j'ai attaqué. Mais le fait est que j'ai non-seulement fondé mes raisonnemens sur la comparaison du gouvernement représentatif et du gouvernement héréditaire, mais que j'ai encore été plus loin ; car j'ai fourni l'exemple d'un gouvernement entièrement représentatif où l'on a beaucoup moins d'impôts à payer, où le crédit public est mieux établi, et où le peuple est bien plus heureux que sous le gouvernement anglois. Les fonds publics en Angleterre n'ont haussé depuis la guerre que de 54 à 97 livres, et depuis la proclamation royale, ils sont tombés à 87 livres. Mais en Amérique, dans le même espace de temps, les fonds sont montés de 10 jusqu'à 120 livres. L'imputation que me fait M. Adams de chercher à détruire tout principe de subordination, est sans aucun fondement, et je puis le prou-

ver par un seul paragraphe de mon livre.
Le voici.

« Lorsqu'autrefois il s'élevoit quelques
» contestations sur le gouvernement, on
» avoit recours au glaive , et la guerre
» civile étoit allumée. Cette coutume bar-
» bare est rejettée par le nouveau système,
» et on a recours à une convention natio-
» nale. La discussion et la volonté de tous
» résolvent la question. L'opinion parti-
» culière se soumet à l'opinion générale ,
» et l'ordre se maintient sans interrup-
» tion » (1).

Une contradiction assez étrange, c'est
de voir un membre du parlement accuser
un auteur de n'avoir pas inséré dans son
livre une certaine chose , et le procureur-
général le dénoncer au même instant, pour
l'y avoir insérée. Je me suis, j'espère ,
assez justifié dans cette lettre , ou plutôt
j'ai justifié mon ouvrage de l'imputation
du premier de ces messieurs ; et je saurai
dans le temps me justifier des inculpations
du second. Mais , dans tous les cas, mon
livre atteindra son but.

---

(1) Droits de l'homme, deuxième partie , pag. 173.

Je conclurai cette lettre en observant que quand j'eus achevé d'écrire les *Droits de l'homme*, la seule objection qui s'offrit à moi contre le plan et les principes contenus dans la seconde partie de cet ouvrage, c'est que les quatre-vingt-dixièmes de la nation y trouveroient leur avantage, et que par ce moyen ils ne pourroient pas agir d'après les principes droits et désintéressés de l'honneur. Mais heureusement la procédure commencée contre moi m'a rassuré ; et les approbateurs, les protecteurs de mon livre sentent aujourd'hui l'impulsion immédiate de l'honneur jointe à l'intérêt national.

Je suis, M. Dundas,

    non votre très-obéissant serviteur, mais le contraire,

        THOMAS PAINE.

PREMIERE LETTRE

A ONSLOW CRANLEY,

Ou à celui qui présidera l'assemblée qui doit se tenir à Epsom, le 18 juin.

Londres, le 17 juin 1792.

MONSIEUR,

J'ai lu dans les papiers publics l'avertissement suivant :

« A la noblesse , **aux** bourgeois , au
» clergé , aux francs - tenanciers et autres
» habitans du comté de Surrey.

» A la requisition de plusieurs francs-
» tenanciers de ce comté, je vous prie, en
» l'absence du shérif, de vouloir bien vous
» rendre à l'assemblée qui doit se tenir à
» Epsom , lundi 12 du courant , à midi ,
» pour nous occuper d'une humble adresse
» à SA MAJESTÉ , afin d'exprimer à SA MA-
» JESTÉ la reconnoissance que nous inspire
» l'attention paternelle et vigilante qu'elle
» a montrée dans sa dernière proclamation
» contre les ennemis de notre constitu-
» tion ».   ONSLOW CRANLEY.

En supposant que cet avertissement , aussi obscur que la proclamation dont il fait mention , a pourtant quelque sens , quelque motif , je me crois dans la nécessité de vous adresser cette lettre ; et je vous prie de vouloir bien la lire publiquement aux personnes qui composeront l'assembléed'Epsom , attendu qu'une procédure est déjà commencée sagement ou follement , justement ou injustement , contre le livre des DROITS DE L'HOMME dont j'ai l'honneur et le bonheur d'être l'auteur.

L'ouvrage qui est en ce moment l'objet d'un procès est , j'imagine , le même que la proclamation veut supprimer. S'il en est ainsi , les habitans du comté de Surrey sont appellés par quelqu'un à condamner un ouvrage , tandis que la proclamation leur défend de connoître cet ouvrage , et leur ordonne même de donner au besoin leur *aide* et *assistance* pour empêcher que d'autres personnes le connoissent.

Il est donc nécessaire que l'auteur, tant pour sa propre justification que pour empêcher l'assemblée d'Epsom d'être abusée, donne ici quelque idée des principes et des plans que contient l'ouvrage en question.

Le livre des *Droits de l'homme*, monsieur, offre d'abord l'examen des principes généraux des gouvernemens.

Il distingue les gouvernemens en deux classes ou systêmes ; l'un héréditaire, l'autre représentatif ; et il compare ces deux systêmes ensemble.

Il montre que ce qu'on appelle un gouvernement héréditaire ne peut exister comme un droit ; parce qu'un gouvernement héréditaire signifie toujours un gouvernement à venir, et que les hommes à naître ont toujours autant de droit de former leur gouvernement, que leurs prédécesseurs en ont eu de former le leur.

Il montre aussi les inconvéniens auxquels le gouvernement héréditaire est inévitablement sujet. Il montre que par sa nature il doit tomber dans les mains de gens sans principes ou sans capacité. L'histoire d'Angleterre fournit la preuve de ces raisons, de ces vérités dans Jacques II et beaucoup d'autres rois ; et presque toute l'Europe peut fournir des exemples de l'autre.

Il montre alors que le systême du gouvernement représentatif est le vrai systême, et le seul dans lequel les libertés d'un peuple puissent être assurées d'une manière permanente. Il montre de plus que ce n'est que dans ce gouvernement que l'autorité peut continuer à être confiée à des hommes propres à gouverner, tant par leurs principes que par leur habileté, parce qu'il est le seul duquel on peut exclure ceux qui n'ont pas ces qualités-là.

Le livre des *Droits de l'homme* montre aussi par des calculs et des raisonnemens qui jusqu'à présent n'ont été niés ni combattus, même par la procédure commencée contre l'ouvrage, il montre, dis-je, que les impôts qu'on lève actuellement en Angleterre pourroient être diminués de six millions sterlings au moins ; qu'on pourroit même supprimer entièrement les taxes sur les pauvres qui forment un grand tiers de la nation ; et que les taxes des deux autres tiers pourroient être considérablement réduites.

Il montre que les pauvres avancés en âge peuvent être entretenus convenablement, et les enfans pauvres bien élevés.

Il montre que quinze mille soldats et autant de matelots peuvent obtenir leur congé, et recevoir sur l'excédent des impôts trois schellings par semaine chacun durant

leur

leur vie ; et qu'on peut en même temps donner une pension convenable à leurs officiers, et une augmentation de paie aux soldats et matelots qui continueront à servir. Il montre qu'il vaut bien mieux appliquer l'excédent des taxes à ces choses-là, que de le prodiguer à des courtisans oisifs et débauchés. Il montre que la taxe de vingt mille livres sterlings que le duc de Richemond lève sur le charbon, est un impôt onéreux pour les habitans de Londres, et doit soudain être aboli.

Voilà, monsieur, un extrait très-concis des principes et des vues de l'ouvrage qui est en ce moment l'objet d'un procès, et pour la suppression duquel la proclamation du roi paroît avoir été publiée. Mais comme il est impossible que je puisse, dans une lettre, expliquer tout ce que renferme mon livre, et qu'il est pourtant nécessaire que ceux qui assisteront à l'assemblée d'Epsom connoissent, avant de prendre aucune résolution, son mérite ou son démérite, je vous prie, monsieur, de leur présenter cent exemplaires de la seconde partie des *Droits de l'homme*, avec mille exemplaires de ma lettre à M. Dundas. J'ai fait en conséquence expédier ces ouvrages pour Epsom ; et je desire que le président de l'assemblée veuille bien prendre la peine de les distribuer aux membres qui la composeront, en leur offrant mes vœux sincères pour leur bonheur et celui de la nation angloise en général.

Après avoir achevé ce que j'avois à dire sur mon ouvrage, j'en viens à ce qui me concerne personnellement. Je séns combien il est difficile de parler de soi ; mais la convocation de l'assemblée d'Epsom me paroît si contraire à la justice que les hommes se doivent mutuellement, que tant pour les personnes qui formeront l'assemblée que pour moi-même, il convient que je m'explique clairement et franchement à cet égard.

J'ai déjà dit à ces messieurs qu'on avoit commencé une procédure contre l'ouvrage dont j'ai l'honneur et le bonheur d'être l'auteur ; et j'ai de fortes raisons de croire que la proclamation au sujet de laquelle ils sont invités de s'assembler et de présenter une adresse, n'a été publiée que pour donner des impressions au jury qui sera formé pour le jugement de mon procès. En un mot , je pense que c'est dicter un jugement par une proclamation ; et je considère les instigateurs de l'assemblée d'Epsom comme complices de ce projet inconvenant , et même très-illégal. Je dirai plus : c'est que tout cela a été tramé avec beaucoup d'artifice , ainsi que je vais le démontrer.

Si l'on avoit convoqué une assemblée des francs-tenanciers du comté de Middlesex , les personnes qui y auroient assisté se seroient rendues récusables pour le jury qui doit avoir lieu lors du jugement du procès : mais on évite cet inconvénient en formant l'assemblée hors du comté de Middlesex , et les habitans du comté de Surrey sont engagés à donner en quelque sorte le ton au jury pour la condamnation que les instigateurs de l'assemblée savent bien ne pas devoir être assez prouvée.

Je suis , monsieur , etc.

THOMAS PAINE.

———

SECONDE LETTRE

A ONSLOW CRANLEY,

Communément appellé lord Onslow.

Londres, le 21 juin 1792.

MONSIEUR,

QUAND je vous écrivis la lettre que M. Horne Took me fit le plaisir de vous remettre, comme président de l'assemblée tenue à Epsom le 18 du courant, je n'espérois guère que vous seriez assez juste envers moi pour la faire lire publiquement.

J'imagine que la signature de *Thomas Paine* a quelque chose de fâcheux pour les gens à pensions et à emplois inutiles ; et quand à l'ouverture de la lettre vous informâtes l'assemblée qu'elle étoit de Thomas Paine, et que vous ajoutâtes par exclamation : — « l'ennemi de nous tous! » — vous dîtes assurément une des plus grandes vérités que vous ayez jamais pu prononcer, si vous n'avez entendu parler que des

hommes qui vous ressemblent particulièrement , des hommes prodiguant dans
l'indolence les dépouilles et le pain du
peuple.

Ma lettre a été depuis imprimée dans
l'Argus , et probablement dans quelqu'autre
gazette. Elle se justifie elle-même ; mais si
elle avoit besoin d'une plus ample excuse, votre conduite dans l'assemblée d'Epsom la lui
fourniroit. Vous avez prouvé suffisamment
que je ne m'étois point trompé, en supposant
que l'assemblée étoit appellée à donner indirectement un appui à la procédure commencée contre le livre des *Droits de l'homme*,
livre qui survivra sûrement long-temps à
la mémoire du pensionnaire à qui j'adresse
cette lettre.

Lorsque des partisans de la cour, monsieur, convoquent des assemblées pour exclure la nation du droit d'étudier les systêmes et les principes du gouvernement,
et d'en montrer les erreurs et les défectuosités , et cela sous le prétexte de poursuivre
un individu , ils donnent une nouvelle
preuve qu'il doit être sacré le droit qu'ils
violent.

Les principes et les argumens du livre des

Droits de l'homme, ont été, sont et seront à jamais, je pense, à l'abri d'une réfutation. Ils sont présentés d'une manière simple et franche, et les hommes distingués par leurs vertus et par leurs lumières, de toute religion et de tout rang, (excepté le rang des gens à pensions et à places inutiles,) qui leur ont donné publiquement leur approbation, sont en plus grand nombre que tous les jurys qui pourront s'assembler en Angleterre, dans l'espace de dix ans. Je dirai plus; j'ai de bonnes raisons de croire, que les approbateurs de mon livre, tant secrets que publics, sont déjà plus nombreux que tous les électeurs actuels de la nation.

Il n'a été publié guère moins de quarante pamphlets, dans lesquels on prétendoit réfuter mon ouvrage, et ils ont aussi - tôt disparu. On se souvient à peine du titre d'un seul, quoiqu'ils aient été pendant plus de dix-huit mois chaleureusement soutenus par toutes les calomnies journalières que les gazettes ministérielles pouvoient débiter et contre le livre et contre l'auteur ; et maintenant que tout cela a échoué, on a formé le dessein d'appeller le livre un libelle, et le parti vaincu s'en tient à une procédure par jury et à d'obscures adresses.

Comme je sais bien qu'une longue lettre de moi ne vous seroit point agréable, je veux vous en sauver l'embarras, et je la ferai aussi courte qu'il me sera possible. Je me bornerai à quelques réflexions sur le sujet que traitoit M. Horne Tooke, lorsqu'il fut interrompu à l'assemblée d'Epsom.

M. Horne Tooke disoit qu'il ne vous étoit pas permis de vous mêler d'une affaire où vous aviez un intérêt personnel, parce que vous étiez lord de la chambre du roi, à mille guinées d'appointement par an, et en outre pensionné de trois mille livres sterlings. Aussi-tôt il fut arrêté par le cercle peu nombreux, mais très-bruyant, qui vous entouroit. Permettez-moi donc, monsieur, de donner ici, en faveur de vos raisons, l'explication des paroles de M. Horne Tooke.

L'on rapporta, il y a peu de temps, dans les gazettes angloises, que l'impératrice de Russie avoit donné à un de ses favoris une grande étendue de pays, avec plusieurs milliers de paysans; et presque tous ceux qui lurent ce trait en furent indignés. Mais si nous comparons ce qui se pratique en Angleterre, et l'usage établi en Russie, nous verrons que cela revient à - peu - près au même.

Tous les revenus en Angleterre proviennent des taxes qui sortent de la poche du peuple ; et c'est sur ces taxes qu'on paie ce qu'on appelle des dons, des présens, parmi lesquels on peut comprendre toutes les pensions et les places inutiles. Ainsi, la seule différence qu'il y ait entre l'usage russe et l'usage anglois, c'est qu'en Angleterre l'argent est perçu par le gouvernement qui le donne aux pensionnaires, et qu'en Russie les pensionnaires sont chargés de le percevoir eux-mêmes.

La plus pauvre famille d'un comté aussi près de Londres que celui de Surrey, ne peut pas payer moins de cinq livres sterling d'impôts. Ainsi, comme votre place inutile de mille livres sterling et votre pension de trois mille comprennent les impôts de huit cents pauvres familles, c'est tout comme si ces huit cents familles vous avoient été données en servitude, comme en Russie, et que vous perçussiez l'impôt vous - même. Direz-vous que vos pensions ne sont pas prises sur les habitans du Surrey, en particulier, mais sur la nation en général ? L'ob-

jection est frivole ; car comme il y a plus de
pensionnaires que de comtés, chacun de
ces messieurs peut regarder la levée de
sa pension , comme circonscrite dans le
comté où il réside.

Jouissez de l'honneur ou du bonheur d'être
le PRINCIPAL PAUVRE du lieu où vous êtes,
et de coûter plus au gouvernement, que les
pauvres avancés en âge et les infirmes ne
coûtent à dix milles à la ronde. Je ne suis
point étonné que vous fassiez vos efforts
pour obtenir la suppression d'un livre qui
frappe tous ces abus dans leur racine. Je ne
suis point étonné que vous soyez opposé
aux réformes, à la liberté de la presse, à
l'instruction. Ces choses-là sont funestes
pour vous et pour tous ceux qui sont
comme vous : mais vous devriez aussi considérer que les mêmes motifs qui vous ont
porté à *agir*, auroient dû vous engager à
rester *tranquille*.

Je viens de vous rendre vos complimens ;
je viens de lasser suffisamment votre patience : il est temps que je prenne congé de
vous. J'ajouterai pourtant que si vous n'a-
viez pas empêché qu'on lût ma première
lettre à l'assemblée d'Epsom , vous n'auriez

point eu la peine de lire celle-ci. Je vous
prierai aussi, lorsque vous m'appellerez
encore — «l'ennemi de nous tous», de dire:
« de nous tous, gens à places et à pensions
» inutiles » !

Je suis , etc.

Thomas Paine.

SECONDE LETTRE

A M. DUNDAS,

L'un des ministres du roi d'Angleterre.

Calais, le 15 septembre 1792.

Monsieur,

Je crois qu'il est nécessaire que je vous informe de ce qui vient de se passer à mon égard.

Le département du Pas-de-Calais m'ayant élu membre de la convention nationale de France, je partis de Londres, le 13 du courant, avec M. Frost de *Spring-Garden*, et M. Audibert, l'un des officiers municipaux de Calais, lequel étoit venu m'apporter le certificat de mon élection. A peine y avoit-il cinq minutes que nous avions mis pied àterre à l'hôtel d'Yorck, à Douvres, que la scène que je vais vous rapporter, commença. Nous fîmes décharger nos effets, et on les porta dans une chambre où nous nous retirâmes. M. Frost ayant besoin de sortir, fut arrêté au passage par un homme, qui le pria de rentrer dans la chambre, où il vint avec lui, et ferma la porte.

J'étois demeuré seul, parce que M. Audibert étoit allé s'informer du départ du paquebot. L'homme qui étoit entré avec M. Frost, nous dit alors qu'il étoit commis de la douane ; qu'il avoit reçu avis que nous avions des marchandises prohibées, et qu'il vouloit visiter notre bagage. En même temps il nous montra sa patente. M. Frost demanda à voir l'avis dont il avoit parlé ; mais le douanier refusa et persista obstinément dans son refus. Il appella alors plusieurs autres commis, et ces messieurs commencèrent à fouiller dans nos poches. M. Audibert étoit déjà revenu : on commença par lui. On tira de ses poches tout ce qu'il y avoit, et on le mit sur une table. On en fit autant à M. Frost, qui avoit entr'autres choses, dans ses poches, les clefs de nos malles. Enfin, on vint ensuite à moi.

M. Frost ayant besoin de sortir, en prévint et s'avança vers la porte : mais le douanier se mit au-devant, en disant que personne ne sortiroit. Après qu'on eut pris les clefs des mains de M. Frost, car il s'en étoit chargé avant d'arriver, afin d'aller à la

douane, en cas qu'il fût nécessaire de visiter nos effets ; après, dis-je, qu'on lui eut
pris les clefs, le douanier nous les présenta,
en nous disant d'ouvrir nos malles ; à quoi
nous ne voulûmes pas consentir, à moins
qu'il ne nous montrât son avis, ce qu'il refusa de nouveau. Alors il ouvrit lui - même
nos malles ; et il en tira toutes les lettres,
tous les papiers, cachetés ou décachetés.
Nous lui remontrâmes combien une pareille
conduite étoit illégale ; nous lui dîmes que les
commis de la douane n'avoient pas le droit de
saisir les papiers, ni même de les toucher :
mais il nous répondit que la *proclamation*
lui donnoit ce pouvoir.

Parmi les lettres que cet homme prit dans
ma malle, il y en avoit deux cachetées qui
m'avoient été remises par le ministre des
Etats-Unis de l'Amérique auprès de la cour
de Londres, et dont une étoit adressée au
ministre des Etats-Unis à Paris. L'autre
étoit pour un simple particulier. Il prit
aussi diverses lettres à mon adresse ; une
écrite par le président du congrès, une
autre par un des secrétaires d'état en Amérique, toutes deux ne contenant que des témoignages d'amitié, et m'ayant été transmises

par notre ministre à Londres. Une troisième,
du corps électoral de Calais, qui m'appre-
noit ma nomination pour ce département;
enfin, une quatrième du président de l'assemblée nationale de France, qui m'appre-
noit aussi ma nomination pour le département de l'Oise.

Toutes nos remontrances auprès du douanier sur l'illégitimité avec laquelle il sai-
sissoit nos papiers, et retenoit nos personnes,
sous prétexte de chercher des marchandises
prohibées, furent absolument vaines. Il
s'autorisoit de la *proclamation* et de l'information qu'il avoit reçue à notre sujet, et
qu'il ne voulut jamais nous montrer. Alors
nous nous contentâmes de l'assurer qu'il
auroit à répondre de ce qu'il faisoit, et
nous le laissâmes continuer à sa fantaisie.

Nous crûmes nous appercevoir que le
douanier n'agissoit que par les ordres de
quelqu'autre personne, qui étoit alors dans
l'hôtel, mais qu'il ne vouloit pas nous faire
voir, ou qui ne vouloit pas elle-même se
laisser voir par nous ; car le douanier sortit
à diverses reprises, et on le fit aussi plusieurs
fois appeller.

Quand ce commis eut tiré de nos malles les papiers qu'il voulut, il se mit à les lire. La première lettre qu'il ouvrit fut celle du président du congrès. Je lui dis alors qu'il me sembloit bien extraordinaire que le général Washington ne pût pas m'écrire une lettre d'amitié, sans qu'elle fût lue par un officier de la douane. Sur cela, M. Frost mit la main sur la lettre, et l'arrachant au douanier, il lui dit qu'il ne la liroit pas. M. Frost jetta alors les yeux sur le dernier paragraphe de la lettre, et il reprit : je veux vous lire ce passage. Le passage fut en effet lu tel qu'il est écrit et tel que je vais le transcrire. —— « Et comme personne ne » prend un plus grand intérêt que moi au » bonheur du genre humain, le premier » vœu de mon cœur est que les lumières » de ce siècle se répandent sur tous les » hommes, qui tous ont droit à ce bonheur, » et qu'elles préparent la félicité des géné- » rations futures ».

Toutes les autres lettres, tous les autres papiers restoient sur la table : le douanier les prit et voulut sortir de la chambre avec eux. Jusqu'alors je m'étois contenté de demeurer spectateur presque muet de ce qui se passoit : mais voyant que le douanier emportoit les lettres, je lui dis que ces lettres m'appartenoient ou m'étoient confiées, et que ne pouvant les perdre de vue, je voulois absolument le suivre.

Alors il fit une liste de toutes les lettres, et les donnant à garder à un de ses subalternes, il sortit de la chambre. Mais il revint bientôt; et après quelques propos inutiles, la plupart sur la proclamation, il nous dit qu'il voyoit bien que cette proclamation étoit *mal fondée*. Puis il nous demanda si nous voulions remettre nous-mêmes nos papiers dans nos malles; mais nous le refusâmes, parce que ce n'étoit pas nous qui les avions ôtés. Il les remit donc lui-même, ferma les malles et nous rendit les clefs.

En vous rendant compte de cette affaire, je ne me plains point particuliérement du douanier, ni d'aucun de ses camarades. Ils se sont conduits avec autant de politesse qu'ils le pouvoient dans une affaire aussi extraordinaire.

Mon principal motif, en vous écrivant, est de vous engager à prévenir désormais de pareilles scènes, non-seulement par rapport aux individus, mais parce que des querelles

querelles entre les nations ont eu souvent
lieu pour des choses aussi peu importantes.
Je me borne à une simple mention de cette
affaire pour ce qui me concerne : mais comme
mes deux compagnons de voyage y ont été
aussi compromis, il y a apparence qu'ils
prendront quelque moyen plus efficace de
se faire rendre justice.

Je suis, etc.

Thomas Paine.

P. S. Parmi les papiers saisis, se trouvoit
une copie de l'information du procureur-
général contre le livre des *Droits de
l'homme*, et une épreuve de ma lettre
imprimée aux signataires des adresses,
laquelle sera bientôt publiée.

———

LETTRE

AUX SIGNATAIRES DES ADRESSES,

*Sur la proclamation du roi d'Angleterre,
relative aux Droits de l'homme.*

Londres, le .. septembre 1792.

Si mes vœux avoient pu régler l'ordre
des événemens, je n'aurois pu rien desirer
de plus favorable pour faire ouvrir les
yeux au peuple, que la dernière proclamation du roi, et les nombreuses adresses
qui ont été présentées à ce sujet par des
corporations gagnées et des bourgs corrompus. Non-seulement cette proclamation et
ces adresses ont été un avertissement pour
qu'on se tînt sur ses gardes, mais elles ont
excité un esprit de recherche et le desir
de lire LES DROITS DE L'HOMME, dans les endroits où ni cet esprit, ni mon ouvrage
n'avoient encore pénétré.

Le peuple anglois fatigué, étourdi par
les partis qui le divisent et qui le trompent
tour à tour, avoit presque renoncé au pri-

vilège de penser. Il n'avoit même plus de
curiosité ; et une langueur indifférente cou-
vroit son île. L'opposition n'étoit évidemment que la rivale du pouvoir, et la masse
de la nation restoit stupidement prête à
servir de proie au parti victorieux.

C'est dans ces tristes circonstances, que
je publiai la première partie des Droits
de l'homme. Cet ouvrage avoit contre lui
et les préjugés et l'indifférence. Les papiers
publics en dirent beaucoup de mal, et malgré cela, il changea un peu l'idée que M.
Burke avoit artificieusement donnée de la
révolution de France.

Combien il est aisé au lecteur le plus ordinaire de distinguer les expressions spon-
tanées du cœur, de ces phrases laborieu-
sement compassées, qui ne partent que de
la tête ! La vérité, toutes les fois qu'elle
peut se manifester, est si naturelle, que
notre ame l'accueille avec transport. On ne
connoît point encore de lumière artificielle
qui ait le doux éclat des premiers rayons
de l'aurore : il en est de même des fictions ;
les mieux ourdies ne nous persuadent jamais comme la vérité.

Un jour suffit pour renverser l'édifice im-

posteur de M. Burke. Alors la phalange
même des gens en place, des pensionnaires
de la cour, qui avoient d'abord donné le
ton à la multitude, pour célébrer les talens
politiques de leur coriphée, fut réduite au
silence; et finalement comme son ouvrage
s'étoit élevé avec l'éclat et la rapidité d'une
fusée volante, il tomba obscurément comme
le bâton qui la porte.

Rarement l'esprit se contente de la
simple découverte d'une erreur. Une fois
l'impulsion reçue, sa marche s'accélère : en
vain il se prescrit un but , il ne l'a pas
plutôt atteint qu'il le franchit, et trouve
sans cesse des raisons pour étendre sa carrière. Voilà ce qui vient d'arriver en Angleterre. Le peuple n'a pas été plutôt éclairé
sur la fausseté des faits et l'inconséquence
des raisonnemens de M. Burke , qu'il a
voulu s'instruire des premiers principes du
gouvernement; et voilà pourquoi, lui peuple,
étoit toujours laissé en arrière, invisible et
tout-à-fait oublié.

La première partie des Droits de l'homme
ayant d'abord fait beaucoup d'impression,
on jugea que cet ouvrage n'alloit pas assez
loin. Il découvroit des erreurs; il montroit

des absurdités; il ébranloit l'édifice des superstitions politiques; il créoit des idées
nouvelles : mais il n'élevoit point un systême de principes réguliers à la place de
ceux qu'il renversoit ; et alors, si je ne me
trompe , le parti du gouvernement consi-
déra tout cela comme une bourrasque pas-
sagère ; et, semblable au marin que menace
la tempête, il s'abstint même de siffler, de
peur d'accroître le vent. Enfin il n'osoit
pas ouvrir la bouche.

Lorsque je fus prêt à publier la seconde
partie de mon ouvrage , concernant la
théorie et la pratique des droits de l'homme,
le même parti de la cour montra pendant
quelque temps la même indifférence qu'auparavant. Mais voyant bientôt que le silence ne réussissoit pas mieux à arrêter les
progrès de mon livre qu'il n'auroit réussi
à arrêter le cours du temps, il changea
de plan, et affecta de traiter cet écrit avec
le plus profond mépris. Les discoureurs
pensionnés, ceux qui ont des places, ou
qui en attendent dans l'une et l'autre
chambre du parlement, ou hors du parlement, le représentèrent comme une chose
insignifiante, déraisonnable, et qui n'étoit

propre qu'à exciter les dédains et l'indignation du peuple. Mais telle étoit pourtant
la mal-adresse des gens de ce parti, que
les encouragemens même qu'ils se donnoient mutuellement et l'affectation d'une
grande confiance, trahissoient leurs craintes.

Comme beaucoup de gens qui ont signé
les adresses des bourgs corrompus, sont
obscurément cachés dans leurs coins, et
que les gazettes ne leur parviennent pas
plus souvent que l'almanach, ils n'ont vraisemblablement pas pu savoir comment avoit
été jouée cette partie de la farce, c'est-à-
dire, ce qui a précédé toutes les adresses.
Je vais donc suspendre un moment l'objet
le plus intéressant de ma lettre, et leur
faire connoître deux ou trois discours prononcés dans la dernière session du parlement. Cela fournira matière à leur politique jusqu'à ce que le parlement rentre de
nouveau.

Vous savez, messieurs, que la seconde
partie des droits de l'homme, ce livre contre lequel vous avez présenté des adresses
quoiqu'il soit très-probable que plusieurs
de vous ne le connoissent pas ; vous savez,
dis-je, que la seconde partie alloit paroître

précisément au moment où le parlement rentra. Elle ne fut pourtant publiée que quelques jours après : mais on savoit avant, qu'elle étoit prête à voir le jour ; et les orateurs parlementaires se coalisant bien cordialement pour la décrier, commencèrent leur attaque par célébrer les bienfaits de la constitution angloise.

Si le sort vous avoit rendus témoins de ces séances, vous n'auriez pas pu vous empêcher d'être émus des congratulations générales et de la sensibilité de cœur et de bouche qu'excitoient ces bienfaits de la constitution; car les gens d'un parti aussi bien que ceux de l'autre, jouissent de pensions, d'emplois, de bénéfices, et sont tous dévotement attachés à l'ordre de choses qui les leur procure.

Un des personnages les plus remarquables de ce grouppe bigarré, est le secrétaire de la cour du banc du roi, lequel s'appelle lord Stormont. Il est aussi grand juge d'Ecosse, (bien digne membre de l'opposition !) et il retire du public pour ces différens emplois, à ce qu'on m'a assuré, au moins six mille liv. sterling par an, à la charge de compter son argent et de signer un reçu, pour prouver,

peut-être, qu'il est secrétaire aussi bien que
grand juge.

Voici son discours à l'occasion des Droits
de l'homme :

« Je suis bien certain que nous témoigne-
» rons unanimement notre zèle pour la cons-
» titution de ces royaumes. C'est un objet
» sur lequel il ne peut pas y avoir de divi-
» sion dans cette chambre. Je ne prétends
» pas être très-profond dans la science de la
» constitution : mais *j'ose* dire, qu'autant
» que mes connoissances peuvent s'étendre,
» *(car j'ai plusieurs milliers de liv. sterling*
» *pour rien ,)* il me semble que depuis
» l'époque de la révolution, *(car elle n'exis-*
» *toit pas avant)* c'est en théorie et en pra-
» tique, le systême de gouvernement le plus
» sage qu'il y ait eu. Je n'ai jamais été
» *(il veut dire qu'il n'a jamais été jusqu'au*
» *moment où il parle,)* adonné *aux mys-*
» *tères de la politique*, mon genre de vie
» m'en écartoit : mais ce qui s'est passé
» depuis quelques années me semble avoir
» pris une tournure fort extraordinaire.
» Quand je suis entré dans le monde poli-
» tique, tous les pamphlets, quoiqu'exas-
» pérés par l'esprit des différens partis,

» s'accordoient pourtant à célébrer la beauté
» des principes fondamentaux de la cons-
» titution. Je me souviens *(il veut dire
» qu'il a oublié)* d'un éloge pompeux de
» ses *charmes* , par lord Bolingbroke. Cet
» écrivain recommande à ses lecteurs de
» contempler avec assurance la constitution
» soûs tous ses aspects, parce que plus on la
» considéroit plus elle paroissoit estimable.
» Je ne me souviens pas précisément des
» paroles dont il se sert : mais je voudrois
» qu'il servît de modèle à ceux qui écrivent
» sur le même sujet, et qu'on n'imitât point
» les pamphlets politiques qui circulent de
» nos jours: *(tels, j'imagine, que les Droits
» de l'homme.)* pamphlets que je n'ai point
» lus, et que je ne connois que par ce qu'on
» m'en a dit. *(Cela signifie, peut-être, par le
» bruit qu'ils font.)* Cependant je suis sûr
» que des pamphlets qui tendent à diminuer
» le respect public pour la constitution ,
» n'auront que peu d'effet. Ils ne peuvent
» faire que peu de mal ; car *(il ne s'est
» point adonné aux mystères de la politique)*
» *les Anglois sont un peuple qui pense sage-
» ment ; et qui est plus intelligent , plus
» solide , plus ferme dans ses opinions*

» *qu'aucune des autres nations que j'ai eu*
» *l'avantage de voir.* (Ceci est assez bien
» présenté pour un nouveau politique.)
» Mais s'il arrivoit jamais un moment où
» ces nouvelles doctrines se propageassent,
» et agitassent l'esprit du peuple, je suis
» certain, et je réponds pour *chacun de vous,*
» milords, qu'on ne porteroit aucune atteinte
» à la constitution, dont *on dit avec vérité*
» que *nous tirons toute notre prospérité,*
» sans que *chacun de vous* s'élevât pour la
» défendre. On verroit donc alors qu'il n'y
» a point de différence entre *nous,* mais
» que nous sommes *tous* disposés à nous
» élever ou à tomber ensemble pour la dé-
» fense d'un inestimable système . . . .
» (de places et de pensions.) »

Après que Stormont s'est assis du côté de
l'opposition, on voit se lever vis-à-vis de
lui, et du côté ministériel, *un autre noble
lord,* lord *Grenville.* Cet homme doit avoir
dans son dos la force d'un mulet ou du père
d'un mulet, sans quoi il plieroit sous le
poids des emplois nombreux dont il est
chargé. Cependant il se lève aisément; et
voici ce que ce *noble* lord répond à l'autre
noble lord :

« La manière *mâle et patriotique* dont
» le *noble* lord vient de manisfester ses sen-
» timens au sujet de la constitution, mérite
» ma sincère approbation. Le *noble* vicomte
» a prouvé que, quelle que soit la différence
» de nos opinions sur des *mesures particu-*
» *lières*, et au milieu des oppositions et des
» querelles des *partis*, nous sommes par-
» faitement d'accord sur les principes. Le
» consentement *(entre nous)* est général
» pour chérir et maintenir notre *heureuse*
» constitution. Vous devez, sans doute, mi-
» lords, avoir quelqu'inquiétude en voyant
» que *le temps est venu*, (oh! oui!) où
» elles ne sont pas *impropres* ces expressions
» de respect pour la constitution: *(O! O! O!)*
» et qu'il y a des hommes *(dont Dieu con-*
» *fonde la politique*, *)* qui sèment une doc-
» trine ennemie de l'esprit naturel de notre
» système de gouvernement, où tout est *si*
» *bien balancé. (Bien balancé en vérité,*
» *puisque les deux côtés à la fois ont des*
» *places et des pensions.)* Je conviens avec
» le noble vicomte, qu'ils n'ont pas *(je*
» *l'espère) beaucoup de succès.* Je suis con-
» vaincu que leurs tentatives ne seront point
» dangereuses. Mais il est *véritablement*

» important et *consolant* pour nous (gens
» en place, j'imagine,) de connoître que
» s'il s'élevoit jamais quelqu'alarme sérieuse,
» il n'y auroit qu'*un esprit*, *un sens*, (*et ce*
» *sens, je pense, n'est pas le sens commun,*)
» *une détermination* dans cette chambre. »

*(Laquelle détermination est sûrement de
conserver leurs pensions et leurs places,
aussi long-temps qu'ils pourront.*

Excepté ce qu'on trouve en parenthèse,
et que j'ai ajouté pour servir d'éclaircisse-
ment, ces deux discours sont exactement
copiés dans le Morning-Chronicle du premier février dernier; et quand on considère
la situation des orateurs, dont l'un est dans
le parti de l'opposition, l'autre dans le parti
ministériel, et vivant tous les deux aux dépens du public, par des places ou des emplois, on ne peut s'empêcher de songer qu'il
faut que ceux qui les ont prononcés, aient
un front bien peu capable de rougir. Ces gens
peuvent-ils donc croire sérieusement qu'il y
ait une nation assez aveugle pour ne pas
démêler leurs motifs? Stormont peut-il s'imaginer que *les mystères politiques*, dont il a
lardé sa harangue, cacheront sa ruse? Ne
sait-il pas qu'un couvercle, quelque grand

qu'il soit, ne peut pas se couvrir lui-même ?
Et Grenville pense-t-il donc qu'à mesure
que son ambition accumule des places, la
confiance du public augmente ?

Mais si pour prix de leurs allusions aux
Droits de l'homme, ces orateurs veulent
permettre que je leur rende un service, je
composerai un discours sur l'excellence de
la constitution angloise. Ils pourront le débiter tous deux ; car il sera aussi à propos
que ce qu'ils ont déjà dit, ou que *les éloges
enchanteurs de Bolingbroke.*

Voici ce discours :

« Je suis certain que nous exprimerons
» tous d'une voix unanime, notre attache-
» ment à la constitution. Elle est, milords,
» incompréhensiblement bonne : mais ce
» qu'elle a de plus étonnant, c'est sa sagesse;
» car c'est, milords, le plus sage de tous
» les systêmes qui ait jamais été créé.

» Quant à nous autres nobles lords, nous
» savons bien, quoique le monde ne s'en doute
» pas, que nous avons plus de sagesse que
» nous n'en avons besoin : et ce qui vaut en-
» core mieux, milords, c'est que nous la
» tenons en réserve. Je défie vos seigneuries
» de prouver que nous en ayons encore usé

» la moindre partie ; et si nous continuons,
» milords, d'agir avec la même économie,
» nous pourrons laisser à nos héritiers, à
» nos successeurs, cette sagesse que nous
» avons portée ici, à laquelle on n'a pas
» touché ; et il n'y a point de doute qu'ils
» n'imitent notre exemple. C'est-là, milords,
» un des heureux effets du système hérédi-
» taire ; car nous ne pouvons jamais man-
» quer de sagesse, tant que nous la garde-
» rons avec nous, et que nous ne nous en
» servirons pas.

» Mais, milords, toute cette sagesse est
» une propriété héréditaire pour le bénéfice
» seul de nous et de nos enfans ; et comme
» il étoit nécessaire que le peuple pût en
» avoir un supplément pour son usage,
» notre excellente constitution a créé un
» roi, pour cela seulement, et non pour
» *autre chose*. Cependant, milords, j'ap-
» perçois dans notre constitution un défaut,
» auquel je vous invite de remédier, en
» proposant, à cet effet, un bill au parle-
» ment.

» La constitution, milords, a trop peu dé-
» licatement, je pense, laissé au roi la liberté
» de choisir s'il vouloit être sage ou non :

» je veux dire qu'elle n'a pas assez, comme
» elle l'auroit dû, spécifié cela comme point
» constitutionnel ; car j'offre de prouver à
» vos seigneuries, et cela avec *un courage*
» *vraiment patriotique*, que le roi n'a pas
» ce choix. Le bill que je proposerai, mi-
» lords, sera pour déclarer que, conformé-
» ment à sa véritable intention, la consti-
» tution ne doit pas laisser au roi un pareil
» choix. Nos ancêtres étoient trop sages
» pour y avoir consenti ; et, pour prévenir
» tous les doutes qui pourroient autrement
» s'élever, je préparerai une clause, mi-
» lords, pour fixer la sagesse des rois par
» un acte du parlement ; et alors, milords,
» notre constitution sera l'étonnement de
» l'univers.

» La sagesse est la chose nécessaire :
» mais pour qu'il n'y ait aucune erreur en
» cela, et afin que nous puissions agir con-
» formément à la vraie sagesse de notre
» constitution , je proposerai un certain
» criterion, par lequel on connoîtra l'exacte
» quantité de sagesse nécessaire à un roi.
» (Ici on s'écriera : écoutons - le ! écou-
» tons-le !)

» Il est rapporté, milords, dans les sta-

» tuts des Israélites ; statuts, milords, que
» je n'ai jamais lus, *mais dont le contenu*
» *m'est connu seulement par oui-dire,*
» mais peut-être que les évêques qui siégent
» dans cette chambre, pourront s'en rappel-
» ler quelque chose ; il est rapporté, dis-je,
» que Saül donna les plus fortes preuves
» de la sagesse royale, avant même qu'il
» devînt roi ; *car il fut envoyé pour cher-*
» *cher les ânes de son père, et il ne put*
» *pas les trouver.*

» Ici, milords, nous avons un exemple
» très-heureux. La chose devroit être établie
» par un acte du parlement. Chaque roi,
» avant de recevoir la couronne, devroit
» être envoyé à la recherche des ânes de
» son père, et s'il ne les trouvoit pas, il
» seroit aussi-tôt déclaré roi, conformément
» au véritable esprit de notre excellente
» constitution. Ainsi, milords, tout ce qu'il
» faudra faire par la clause que je propo-
» serai, ce sera de donner d'avance au roi
» la quantité de sagesse nécessaire pour
» ce que je viens de dire, de peur qu'il ar-
» rivât qu'il n'en eût pas assez ; et nous
» pouvons, milords, faire cela sans user
» en rien de notre propre sagesse.

» Nous

» Nous lisons encore, milords, tout au
» long, dans les mêmes statuts des Juifs,
» que Samuel, qui certainement étoit aussi
» fou qu'aucun de nos modernes promo-
» teurs des droits de l'homme, (*Écoutez-le!*
» *Écoutez-le!*) eut beaucoup de déplaisir,
» fut même irrité d'entendre les Juifs lui
» demander un roi, et qu'il leur parla
» contre cela avec toute la fermeté et l'im-
» pudence dont il étoit capable. J'ai pris la
» peine aujourd'hui, milords, de parcourir
» tout *Pater noster row* (1), pour me pro-
» curer un extrait du livre imprimé; car
» j'ai été averti que je le trouverois là, ou
» bien dans *Amen-Corner* (2), au moment
» où j'allois le chercher parmi les curiosités
» de la *Société des Antiquaires.*

» Je vais lire mon extrait à vos seigneu-
» ries, pour vous montrer combien peu Sa-
» muel s'entendoit à ces choses là. Cet ex-
» trait, milords, est tiré du livre de Samuel,
» chap. VIII. — Et Samuel rapporta toutes
» les paroles du Seigneur au peuple qui lui
» demandoit un roi.

____

(1) C'est une rue de Londres.
(2) Autre rue.

Q

» Et il lui dit : Voici comment se con-
» duira le roi qui régnera sur vous. Il pren-
» dra vos fils pour le servir et pour soigner
» ses chars. Il en fera des cavaliers, et
» quelques-uns d'entr'eux courront devant
» ses chars.

» Il les nommera capitaines de mille et
» de cinquante hommes. Il leur fera cultiver
» ses terres, recueillir ses récoltes, et faire
» ses instrumens de guerre, et tout ce qu'il
» faudra pour ses chars.

» Et il prendra vos filles pour préparer les
» desserts de sa table, et pour faire sa cui-
» sine et son pain.

» Et il prendra vos champs, vos vignes,
» vos oliviers, même les meilleurs, pour
» les donner à ses serviteurs.

» Et il prendra la dîme de vos semences
» et de vos raisins, et les donnera à ses
» officiers et à ses serviteurs.

» Et il prendra vos serviteurs et vos ser-
» vantes, et vos jeunes gens les plus utiles,
» et vos ânes, et les emploiera à ses tra-
» vaux.

» Et il prendra le dixième de vos moutons,
» et il fera de vous des serviteurs.

» Et alors vous pleurerez pour avoir

» choisi un roi, et le Seigneur sera sourd à

» vos gémissemens. —

» Maintenant, milords , que pouvons-
» nous penser de ce Samuel ? Y a-t-il une
» seule parole vraie, ou même vraisem-
» blable dans tout ce qu'il a dit ? Il préten-
» doit être un prophète, un homme sage :
» mais l'événement n'a-t-il pas prouvé qu'il
» n'étoit qu'un fou, un incendiaire ? Consi-
» dérez bien cela, milords , et voyez s'il est
» arrivé rien de ce qu'il avoit prédit. La plus
» profonde paix n'a-t-elle pas régné sur la
» surface du globe depuis que les rois sont
» établis ? Les rois de l'Europe , qui règnent
» de nos jours, par exemple , ne sont-ils
» pas les plus pacifiques du monde ? L'im-
» pératrice de Russie n'est-elle pas aussi
» douce que du lait ? Il ne vaudroit pas la
» peine d'avoir des rois , milords , si ce n'é-
» toit pas parce qu'ils ne vont jamais à la
» guerre.

» Si nous observons ce qui se passe chez
» nous, n'y voyons-nous pas la même chose
» que par-tout ailleurs ? Nos jeunes gens
» sont-ils pris pour être cavaliers ou fantas-
» sins, plus qu'ils ne le sont en Allemagne,
» en Prusse , dans l'électorat d'Hanovre et

» dans le pays de Hesse? Nos matelots ne
» sont-ils pas aussi en sûreté à terre qu'en
» mer? Sont-ils jamais arrachés de leurs
» maisons, comme du bétail qu'on traîne à
» la boucherie, pour servir de force sur les
» vaisseaux de guerre? Quand ils reviennent
» d'un long et périlleux voyage, avec des
» marchandises étrangères, chacun d'eux ne
» peut-il pas se reposer sous 'sa treille ou
» sous son figuier, dans une parfaite sécu-
» rité? La dîme de nos moissons nous est-
» elle enlevée par des collecteurs, ou en
» faut-il donner la moindre partie aux ser-
» viteurs du roi? En un mot, tout ici n'est-
» il pas aussi exempt d'impôts que la lumière
» des cieux?

» Ah! milords, tout ce que nous voyons
» ne nous fait-il pas sentir le bonheur d'avoir
» un roi? La belle empreinte du G R, ou
» du grand R, n'est-elle pas par-tout? Por-
» tons-nous un chapeau, des gants, des
» souliers qui ne soient enrichis de ces nobles
» lettres? Nos chandelles même semblent
» ne brûler que pour être un holocauste à
» la royauté.

» Indépendamment de ces marques de
» bonheur qui nous couvrent depuis le

» sommet de la tête jusqu'à la plante des
» pieds, milords, ne voyons-nous pas
» croître pour être rois, une famille de
» jeunes gens qui sont des modèles de
» vertu ? Il n'y en a pas un d'entr'eux,
» milords, à qui on ne puisse prêter de
» l'argent en secret, aussi sûrement qu'aux
» autres. Ne sont-ils pas *plus sobres, plus*
» *intelligens, plus prudens, plus solides,*
» et avec tout cela plus instruits, plus sages
» que tous les autres jeunes gens que *nous*
» *avons eu le bonheur de voir.* Ah ! mi-
» lords, c'est une famille d'une grande
» espérance !

 » L'heureuse succession de rois, que la
» nation a en ce moment devant les yeux,
» milords, est la preuve irréfragable de
» l'excellence de notre constitution et des
» avantages de l'hérédité de la couronne ;
» car il n'y a, milords, qu'une constitution
» fondée sur la plus vraie et la plus pure
» sagesse, qui puisse admettre au gouver-
» nement des êtres d'un caractère aussi cé-
» leste. —— Permettez-moi, à présent,
» milords, de vous rappeler le chapitre
» diffamatoire que je viens de vous lire sur
» les rois. Je reviens sur ce chapitre, mi-

» lords, parce que mon intention est de
» présenter un bill au parlement, pour le
» faire effacer de la bible; pour que le lord
» chancelier, aidé du prince de Galles, du
» duc d'Yorck, du duc de Clarence, soit
» invité à écrire un autre chapitre à la place
» de celui-là; et pour que M. Burke voie
» s'il est bien canonique et fidélement in-
» séré ».

Si le secrétaire de la cour du banc du roi
vouloit l'orateur qui prononceroit ce lumi-
neux éloge de la constitution, j'espère
qu'auparavant il voudroit bien l'apprendre
par cœur, et qu'il n'auroit pas besoin de
s'excuser d'avoir oublié sa leçon, comme
lorsqu'il voulut citer le passage de Bolingbroke. Après ce petit avis, je prends congé
de lui.

Ceux qui ont signé les adresses étant
maintenant instruits de ce qui s'est passé
au parlement, je reviens à l'objet que
j'avois laissé pour rapporter les discours
précédens.

Je disois donc que le parti du gouvernement avoit commencé par garder le silence,
et qu'ensuite il avoit fait entendre les clameurs du mépris : mais comme en général

les gens veulent lire et juger par eux-mêmes,
l'ouvrage se répandit; et le mépris affecté
de ses ennemis n'eut pas plus de succès que
leur silence.

Ainsi trompés dans leur second plan,
leur mauvais génie leur en suscita un troisième. Alors ils virent tous à la fois, comme
si cela leur eût été découvert par un diseur
de bonne aventure, ou si M. Dundas l'avoit
apperçu au second coup-d'œil ; ils virent
tous , dis-je , que mon livre, d'abord si
innocent, si insignifiant, et auquel on n'a-
voit pas changé une seule lettre, étoit devenu le libelle le plus méchant et le plus
dangereux. Tous les membres du cabinet,
semblables à l'équipage d'un vaisseau,
prirent aussi-tôt l'alarme. Tout le monde se
désoloit sur le pont, comme si une conspi-
ration générale des élémens menaçoit leur
vie; et enfin parut la proclamation, avec ses
suites , et les adresses tinrent lieu de prière.

Pauvres sots ! disois-je alors tout bas ;
pourquoi vous tourmenter ainsi vous-mêmes?
Le livre des Droits de l'Homme a été écrit
avec le calme de la raison : pourquoi donc
vous trouble-t-il si fort ? Ne voyez-vous
pas combien une telle conduite vous met

dans le cas d'être soupçonnés? La ruse seule auroit dû, en cette occasion , vous tenir lieu de prudence. Le plan, les principes, les argumens que contient ce livre contre lequel vous vous armez , sont mis sous les yeux de la nation et de tout le monde, d'une manière simple , franche et mâle ; et vous n'avez rien à faire qu'à les réfuter. Réfutez-les donc , et cela suffit : mais si vous ne le pouvez point, vous ne pourrez pas plus en empêcher la lecture et faire croire l'auteur coupable ; car la loi, suivant l'opinion de tous les hommes honnêtes , seroit elle-même criminelle si elle condamnoit ce qui ne peut être réfuté.

Je viens d'apprendre aux signataires des adresses tout ce qui s'est passé avant qu'on ait demandé leur assistance, comme César dans le Tibre crioit à Cassius : —— *Au secours, Cassius , ou je me noie!* —— Je vais à présent faire quelques remarques sur la politique du gouvernement, quand il a excité à présenter des adresses ; sur les conséquences qui doivent naturellement en résulter , et sur la conduite des personnes qui y sont intéressées.

Quant à sa politique, elle porte évidemment tous les caractères d'une peur déguisée. On pourra citer désormais au nombre des événemens les plus extraordinaires, qu'un pamphlet, écrit par un homme étranger à tous les partis, ne cherchant point à s'en faire un, presqu'inconnu même dans le pays, ait pu faire trembler le gouvernement, au moment où il jouissoit de la plus triomphante sécurité. Cela prouve invinciblement que le pamphlet contient des vérités terribles, ou que le gouvernement a de grands défauts ; peut-être même cela prouve-t-il l'un et l'autre.

La nation n'a donné aucune marque de frayeur en lisant les Droits de l'Homme. Pourquoi le gouvernement en auroit-il eu, si ses intérêts n'avoient pas été directement opposés à ceux de la nation ? Le secret commence à être connu. N'est-il pas évident que la nation est composée d'hommes de deux classes différentes ; ceux qui paient les impôts, et ceux qui les perçoivent et qui en vivent ? Et quand ces impôts sont portés à l'excès, n'est-il pas vrai que cela divise les deux classes de la nation ? Et cela n'est-il pas sur le point d'arriver en ce moment ?

Malgré tout le trouble et le bruit que

quelques personnes intéressées ont fait à l'occasion de la proclamation royale et des adresses, il est curieux d'observer que la masse de la nation a presque paru n'y pas prendre garde. Cette indifférence me fait croire que le peuple ne croit pas un mot de ce que contient la proclamation. Quant aux adresses, elles sont arrivées à Londres, dans le même silence qu'un convoi funèbre. Annoncées dans les gazettes, elles ont été déposées parmi les cendres de celles qui les ont précédées ; et M. Dundas a écrit dessus : *Hic jacent*.

Le meilleur effet de la proclamation et des adresses qui en sont l'écho, a été d'exciter quelque curiosité ; et il ne faut pas beaucoup de réflexion pour voir que l'instruction naît de la curiosité. Quand la masse générale de la nation a vu que tous les gens en place, les pensionnaires, les acheteurs de suffrages dans les bourgs, étoient ceux qui se mettoient en avant pour procurer des adresses, elle n'a pas pu s'empêcher de soupçonner qu'ils n'avoient point en vue le bien public ; que l'esprit des livres, des écrits auxquels ces gens-là faisoient allusion, sans oser les citer, étoit directement contraire à celui qu'ils leur supposoient; et qu'il falloit que chacun, pour sa propre satisfaction, les lût et en jugeât lui-même.

Mais combien ont dû être étonnées les personnes que les clameurs excitées contre les Droits de l'Homme ont portées à lire cet ouvrage, quand elles ont vu qu'au lieu d'être un libelle dangereux, incendiaire, un livre licencieux et rempli de choses scandaleuses, il ne contient que des principes de gouvernement, pleins de droiture, des argumens naturels et sans replique, des plans pour l'accroissement du commerce et des manufactures, pour l'extinction des guerres, pour l'éducation des enfans des pauvres, pour l'entretien des personnes âgées ou infirmes des deux sexes, pour le bon ordre de l'armée et de la marine ; en un mot, pour tout ce qui peut tourner à l'avantage moral, civil et politique de l'homme !

Pourquoi donc, demandera quelqu'observateur tranquille, pourquoi ce livre est-il persécuté s'il ne contient que d'aussi bonnes choses ? Je vais te l'apprendre, ami ; c'est qu'il contient aussi un plan pour la réduction des impôts, pour la diminution des frais énormes du gouvernement, pour l'abolition des places inutiles et des pensions ; c'est qu'il invite, ensuite, à appliquer ce qui proviendra de ces retranchemens aux objets mentionnés dans le paragraphe précédent.

Est-il donc bien étonnant que les gens en place, les pensionnaires, et toute la tourbe qui brigue les faveurs de la cour, soient devenus les promoteurs d'adresses, de proclamations et de persécutions ? Est-il étonnant que les corporations et les bourgs corrompus qui sont attaqués dans la première et la seconde partie des Droits de l'homme, et convaincus de monopole et de perversité, aient suivi la bande des crieurs ? Voilà d'où sont parties les adresses. Si tous ces gens-là ne s'étoient pas empressés de combattre les Droits de l'homme, j'aurois douté du succès de mon ouvrage : mais ce sont eux-mêmes qui m'ont prouvé que le coup étoit bien dirigé ; ils ont fait connoître qu'ils l'avoient reçu, en montrant la marque.

La première fausseté qu'on a employée dans ces adresses, c'est que les promoteurs ne se sont pas montrés tels qu'ils sont. Ils ont voulu faire croire qu'ils faisoient partie de ce public qui supporte tout le poids des impôts, et qu'ils n'agissoient que pour le bien de la nation. Mais ils sont au contraire pour la plupart de la classe qui ajoute à ce fardeau en vivant du produit du fisc. Ils sont pour le public ce que sont pour les arbres des nuées de sauterelles : et si l'on se débarrassoit d'eux, le fardeau des impôts seroit allégé et la prospérité nationale s'accroîtroit.

« Je ne viens point ici, dit Onslow dans » l'assemblée du comté de Surrey, je ne » viens point ici comme lord lieutenant et » garde des   du comté. J'y viens » seulement en simple gentilhomme ». Le fait est pourtant qu'il venoit là pour ce qu'il étoit, non autrement ; et conséquemment il y venoit comme un de ces êtres rongeurs que j'ai décrits. Si un simple gentilhomme doit être nourri par le public, comme un pauvre l'est par sa paroisse, Onslow a droit de réclamer ce titre. Il en est de même du duc de Richemont, qui proposa l'adresse du comté de Sussex. Lui aussi peut alors ne s'appeller qu'un simple gentilhomme.

L'assemblée du comté de Kent offrit une scène fâcheuse. Il s'y trouvoit environ deux cents personnes , dont une petite partie se retira secrétement et vota une adresse. Aussi en vinrent-ils bientôt à se chamailler , et ils s'abandonnèrent au désordre , tandis qu'ils faisoient une adresse pour prévenir le désordre.

La proclamation et les adresses ont manqué l'effet qu'on en attendoit, et peut-être cela ne vient-il que du silence qu'observe à présent le parti de la cour. On a bien mis chaque semaine dans les gazettes le nombre des adresses; mais on a eu soin de cacher le nombre de ceux qui les signoient. Plusieurs adresses n'ont été votées que par dix ou douze personnes ; et celles qui ont le plus de signataires, n'en comptent pourtant pas plus de trente. Au moment où j'écris cette lettre , il y a eu trois cent vingt adresses présentées, en y comprenant celles des corporations et des bourgs corrompus : ainsi quand bien même on compteroit cent votans par adresse , cela ne feroit pas plus de trente - deux mille ; et cependant on a été près de trois mois pour se procurer des signatures.

Je puis dire avec vérité que la proclamation royale a eu bien moins de succès que l'ouvrage contre lequel elle étoit dirigée; car il s'est vendu en un mois plus d'exemplaires de la seule édition des Droits de l'homme à un schelling (1), que les adresses n'ont eu de votans en trois mois, en supposant même que le nombre s'élève à trente-deux mille.

C'est une mesure bien dangereuse pour un gouvernement que de dire à une nation : — *tu ne liras pas.* — Cela se fait aujourd'hui en Espagne. Cela se pratiquoit aussi en France avant la révolution. Mais dans ce dernier royaume c'est ce qui a occasionné le renversement du trône ; et dans le premier il pourra en arriver autant. Que dis-je ? le même effet doit avoir lieu dans tous les pays. D'une manière ou d'autre la pensée se propage , et quoiqu'on puisse empêcher de lire , on ne peut arrêter son cours.

Si le livre des Droits de l'homme mérite tout le mal qu'en ont dit les promoteurs d'adresses , pourquoi n'en ont-ils pas donné

____

(1) Il y en a une à six schellings.

la preuve en montrant le livre et le lisant publiquement ? Certes, ils auroient pris ce parti, ils le prendroient même encore, s'ils avoient pu penser qu'il répondît à leurs intentions. Mais le livre qu'ils décrient ne contient que des vérités qu'ils craignent d'entendre, et qu'ils craignent encore plus que le peuple connoisse ; et ce même livre poursuit maintenant les adresses dans toutes les parties de l'Angleterre et les convainc de mensonge.

Parmi les procédés extraordinaires auxquels la proclamation royale a donné lieu, on doit compter les assemblées des juges de paix dans plusieurs villes et dans plusieurs comtés. Ces gens là ont voulu renouveller la comédie du banc du roi, et cru pouvoir supprimer de leur autorité privée, tous les écrits qui leur déplairoient. Mais c'est un attentat contre les loix, c'est imiter les tyrans subalternes des gouvernemens les plus despotiques de l'Europe ; et cependant ces juges de paix affectent d'appeller l'Angleterre un pays libre. Mais toutes ces ruses ressemblent à celles qu'on emploie en commençant par bâtir des casernes dans un canton où l'on veut essayer

do

de faire recevoir des troupes ; et peut-être qu'elles feront voir aux Anglois qu'il est, temps de s'éveiller et de songer à leurs droits. Alors elles auront un bon effet.

Une chose encore bien singulière, c'est que ces juges de paix ont déclaré qu'ils feroient fermer tous les cabarets, les endroits publics où l'on s'aviseroit de former des assemblées pour s'instruire sur les principes du gouvernement et les discuter. Cela ressemble aussi à ce qui se fait en Espagne et en Russie ; et la première réflexion que cela fait naître, c'est que tout gouvernement qui craint la discussion et croit que la sûreté dépend de l'ignorance du peuple, est un gouvernement dont la conduite et les principes sont mauvais.

Si le gouvernement anglois, la constitution ou tout ce qu'on voudra, étoit un miracle de perfection, comme la proclamation et les adresses l'ont fait sonner si haut, il auroit défié la discussion et l'examen le plus scrupuleux au lieu de le craindre. Mais toutes les fois que par des adresses, des proclamations et des persécutions, il cherche à empêcher la discussion de ses principes, c'est montrer évidemment

R

qu'il ne peut pas la soutenir. C'est l'erreur, non la vérité, qui craint le grand jour. Tous les pamphlets, tous les paragraphes mensongers et diffamatoires qu'on a publiés contre LES DROITS DE L'HOMME, sont tombés devant ce livre comme des flèches sans pointe ; et il en eût été de même de tout ouvrage contre la constitution, si la constitution comme on l'appelle, avoit été fondée sur des principes d'une aussi bonne politique que ceux des DROITS DE L'HOMME.

La constitution angloise est bonne, sans doute, pour les courtisans, les gens en place, les pensionnaires, les chefs de parti, tous ces gens enfin qui se sont montrés si ardens à faire voter des adresses. Mais c'est une mauvaise constitution pour les quatre-vingt-dix-neuf centièmes de la nation au moins; et c'est une vérité qui est tous les jours démontrée.

La constitution angloise est mauvaise : premièrement, parce qu'elle oblige la nation de payer les frais de trois sortes de gouvernemens différens : le monarchique, l'aristocratique et le démocratique.

Secondement, parce qu'il est impossible d'unir une composition si discordante,

autrement que par des moyens de corruption. Et cette corruption, dont on se plaint si
fort et si généralement, est la conséquence
naturelle d'un assemblage très-peu naturel.
C'est en cela pourtant que consiste cette
excellence que prône si haut le troupeau
nombreux des pensionnaires et des gens
en place , et c'est aussi en cela qu'est la
source de ces énormes impôts qui font
gémir la nation.

Dans le nombre considérable de moyens
dont on se sert pour amuser et tromper la
multitude, on en a employé un très-remar-
quable. On a voulu flatter le peuple , en
appellant le gouvernement anglois , ou
comme on dit la constitution , *l'envie et
l'admiration du monde* ! on n'a guère voté
d'adresse , sans que quelque parleur n'ait
employé ce mensonge bannal et insensé.

Deux révolutions ont eu lieu, celle d'A-
mérique et celle de France , et toutes deux
ont rejetté ce mélange contre nature qui
est la base du gouvernement anglois. L'A-
mérique s'est déclarée contre tout gouvernement héréditaire , et n'a voulu qu'un gouvernement représentatif. La France a rejetté
l'aristocratie ; elle sent à chaque instant l'ab-

surdité de la monarchie, et elle marche à grands pas vers la représentation pure et simple (1).

Sur quoi donc se fondent ces hommes qui persistent à appeler la constitution angloise, *l'envie et l'admiration des autres nations*, tandis que deux nations qui ont été maîtres d'en établir une pareille chez eux, les contredisent et prouvent leur mensonge ? Ces gens là ne s'en tiendront-ils donc jamais à la vérité ? Chercheront-ils éternellement à tromper le peuple ?

Mais je vais plus loin. Je veux faire voir que si on recommençoit à établir un gouvernement en Angleterre, la nation ne choisiroit pas celui auquel elle est à présent soumise.

En traitant ce sujet ou tout autre, d'après des principes sains, l'ancienneté, l'usage perdent leur autorité, et l'erreur grossière est rejettée. Le mérite des choses, leur propriété doivent être examinés, abstraction faite des coutumes et de l'usage; et sous ce point de vue, ce qui est bien est démontré chaque jour par la pratique, et

____

(1) Elle y est parvenue depuis.

il acquiert bientôt le même avantage en principes et en théorie que s'il avoit la sanction de mille siècles. Les principes n'ont pas besoin de l'autorité du temps, non plus que la vérité n'a besoin de celle des noms.

En disant que le gouvernement anglois est composé d'un roi, des lords et des communes, on ne fait que suivre une ancienne manière de parler. Il n'est composé que d'hommes. Quels que soient les hommes auxquels le gouvernement d'un pays est confié, ils doivent être les meilleurs, les plus sages possibles; et s'ils ne le sont point, ils ne sont pas dignes de leurs places. Qu'un homme s'appelle roi ou lord, son titre ne lui donne pas plus de mérite, que je n'en acquerrois en changeant mon nom de Thomas Paine en celui de George Guelph. Je n'aurois pas plus de talent pour écrire, parce que mon nom seroit changé. De même aucun homme n'a plus de raison en s'appellant roi ou lord, que s'il s'appelloit Thomas Paine.

Quant au mot de *communes*, dans le sens qu'il a en Angleterre, c'est un terme d'insulte et de mépris qu'on devroit cesser d'employer, et qui n'est point en usage dans les pays libres.

Supposons qu'on recommençât à établir un gouvernement en Angleterre, qu'on en présentât le plan à la nation pour qu'elle l'approuvât ou le rejettât, et que ce plan fût composé de la manière suivante.

Premièrement, qu'un individu quelconque fût choisi parmi le reste de la nation, pour que ce reste de la nation lui jurât obéissance, n'eût jamais la permission de s'asseoir devant lui, et lui donnât un million de livres sterlings par an. Qu'en outre la nation n'eût jamais plus le pouvoir de faire des loix sans le consentement de l'individu au million sterling, et que ses fils, et les enfans de ses fils, sages ou fous, bons ou mauvais, propres à gouverner ou non, eussent à jamais le même degré de pouvoir et le même million sterling de rente.

Secondement, qu'il y eût deux chambres de législateurs : les membres de l'une desquelles seroient d'abord nommés par la personne dont nous venons de parler, pour qu'ensuite leurs fils et les fils de leurs fils, fous ou sages, bons ou mauvais, propres à remplir leurs places ou non, seroient à jamais législateurs héréditaires.

Troisièmement, que les membres de l'autre chambre fussent élus de la même manière que le sont actuellement les membres des communes, et fussent assujettis en tout à l'autorité des deux pouvoirs héréditaires.

Il seroit sans doute impossible de faire approuver de pareilles absurdités, non-seulement à la nation angloise, mais à aucune de celles qui sont en état de connoître leurs droits et leurs intérêts.

Elle demanderoit d'abord par quel endroit et par quels principes on a pu faire ces distinctions déraisonnables et déplacées; et quelles prétentions peut avoir un homme ou quels services il peut rendre pour avoir un million sterling par an ? Ils iroient plus loin. Ils se révolteroient à la seule idée d'assujettir leurs enfans et les enfans de leurs enfans à la domination de personnes qui ne sont point encore nées et qui peuvent aisément être des scélérats ou des fous; enfin ils verroient que ce projet d'avoir des gouverneurs et des législateurs héréditaires, est une usurpation barbare des droits de la postérité. Non - seulement le calme de la raison et notre affection pour nos enfans, mais l'équité et la fierté naturelle à l'homme font rejetter un semblable système.

D'après l'absurdité d'un tel plan , la nation angloise porteroit ses regards sur les inconvéniens qu'il auroit à être mis à exécution. Elle verroit bientôt qu'il produiroit la fraude et la tyrannie ; qu'il y auroit toujours un combat de deux contre un ; parce que les deux partis héréditaires se réuniroient pour leurs intérêts communs, et qu'elle et ses représentans seroient regardés par deux partis , comme des fendeurs de bois et des porteurs d'eau. Appellez un de ces pouvoirs roi , l'autre chambre des lords , le troisième chambre des communes , et vous aurez le modèle de ce qu'on appelle le gouvernement anglois.

J'ai avancé et prouvé dans la première et dans la seconde partie des *Droits de l'homme* , qu'il n'existe point en Angleterre de constitution, et que le peuple anglois a encore sa constitution à faire. — Une constitution est antérieure au gouvernement. C'est l'acte par lequel un peuple crée son gouvernement , délègue ses pouvoirs , et limite l'étendue et l'exercice de ces pouvoirs. — Or quand est-ce que le peuple anglois a lui-même ou par ses représentans élus exprès, déclaré et dit : — « Nous peuple de ces » contrées , nous choisissons ceci et le » constituons pour système et forme de » notre gouvernement ». — Le gouvernement britannique s'est constitué lui-même. Jamais un peuple ne l'a constitué , et c'est pourtant dans le peuple seul que réside le droit de constitution.

Je veux citer ici le préambule de la constitution fédérative des treize Etats - Unis de l'Amérique. J'ai déjà fait voir dans la seconde partie des *Droits de l'homme* , de quelle manière cette constitution avoit été formée et ratifiée. En voici le préambule.

« Nous le Peuple des Etats-Unis , vou- » lant former une union plus parfaite , éta- » blir l'administration de la justice , main- » tenir la tranquillité intérieure , fournir » à la défense commune , concourir au » bien général , assurer les bienfaits de la » liberté à nous et à notre postérité , or- » donnons et établissons cette constitu- » tion pour les Etats - Unis de l'Amérique ».

A la suite de ce préambule sont les divers articles qui spécifient la manière dont les membres qui composent les corps législatif et exécutif seront élus, le temps de leur exercice, et l'étendue de leur pouvoir. On y trouve aussi comment il faudra s'y prendre par la suite pour faire des additions, des changemens ou des amendemens à la constitution. Conséquemment tout ce qui peut perfectionner la science du gouvernement, est précieusement accueilli dans ces contrées. Ce n'est que dans les gouvernemens fondés sur l'usurpation et de faux principes, qu'on peut regarder comme séditieux et incendiaires les recherches sur les principes du gouvernement et l'exposition de ses avantages ou de ses défauts. On se servoit autrefois de ces épithètes déshonorantes d'incendiaire et de séditieux, en parlant de Locke, d'Hampden, de Sydney, et on continuera, sans doute, à les appliquer à tous les hommes honnêtes, tant que le gouvernement actuel d'Angleterre durera.

Depuis plus de cent ans, ce gouvernement semble ostentueusement défier les attaques, sur ce qu'on appelle son excellence et sa perfection. Il n'y a presque point de discours du roi, ou même de harangue parlementaire, où l'on n'ait jetté le gant à ce sujet, et tout le monde en a senti l'injure. Mais on voit à présent que tout cela n'étoit qu'une vaine jactance , pour cacher des imperfections et des vices, et pour engager le peuple à supporter des impôts.

« Je l'ai ramassé, moi , le gant, et j'ai montré en faveur du peuple, par une discussion simple, franche, claire ; j'ai montré, dis-je, tous les défauts du gouvernement anglois. Alors, la troupe des champions de la liste civile a pris la fuite. Ils sont allés chez le procureur général dénier leur défi , accuser ma défense d'être une attaque, et défendre leurs pensions et leurs places par la persécution.

« Mais je veux m'interrompre un moment pour rapporter quelques particularités relatives au procès qu'on m'a intenté. Les signataires des adresses verront par-là qu'ils n'ont été que les instrumens dont s'est servi le parti de la cour.

La première édition de la première et de la seconde partie des *Droits de l'Homme* , fut imprimée très-chèrement , ainsi qu'on a coutume à-présent d'imprimer les pamphlets, et en outre pour que l'ouvrage pût être relié avec les réflexions de M. Burke sur la révolution de France. Le haut prix de mon ouvrage empêcha la plus grande partie du peuple de pouvoir l'acheter ; et je reçus beaucoup de lettres de divers endroits, par lesquelles on m'engageoit à faire une édition des *Droits de l'Homme*, moins chère que la première. Les habitans de Sheffield me demandèrent à en faire imprimer eux-mêmes deux mille exemplaires ; à quoi je consentis aussi-tôt. On me fit la même demande de Rotherham, de Leicester, de Chester et de plusieurs villes d'Ecosse ; et M. James Makintosh, auteur des *Vindiciae Gallicae* (1), vint me prier, de la part des habitans du Warwickshire, de souffrir qu'on en imprimât dix mille exemplaires dans ce comté. J'en eus bientôt envoyé en Ecosse une édition peu chère ; et je sentis que la meilleure manière étoit d'en faire imprimer moi-même, à Londres, un très-grand nombre ; parce que l'ouvrage seroit plus correct, et pourroit être vendu à meilleur marché que si on en faisoit diverses petites éditions, de quelques milliers chacune.

______

(1) Cet excellent ouvrage est traduit en françois sous le titre d'*Apologie de la Révolution françoise et de ses admirateurs Anglois*; 1 vol. *in-8°*. 3 liv. 10 s. broché. Se vend chez *Buisson*, Libraire, rue Hautefeuille.

L'édition commune de la première partie
fut achevée vers le milieu du mois d'avril
dernier ; et dès ce moment, non pas avant,
je m'attendis à une persécution qui en effet
n'a point manqué. J'eus alors occasion d'é-
crire à M. Thomas Walker de Manchester ;
et après lui avoir appris l'intention où j'étois
de publier mon ouvrage pour l'instruction
générale, je lui disois quelles étoient les
conséquences que j'appréhendois. Je lui dis
que pendant que mon livre étoit à un prix qui
empêchoit qu'il ne fût très-répandu, le parti
du gouvernement voyant qu'il ne pouvoit
pas en combattre les principes, les plans, les
raisonnemens, eut soin de garder le silence :
mais que je pensois que les gens de ce parti
alloient faire une tentative pour priver la
masse de la nation, et particuliérement les
pauvres, du droit de lire ; et que sûrement
ils alloient poursuivre l'auteur et l'éditeur,
peut-être même tous les deux. Ils commencèrent par l'éditeur.

Cependant il se passa près d'un mois sans
que j'entendisse parler de rien. J'étois alors
à Bombey, dans le comté de Kent. A la
première nouvelle que je reçus (1), je me

____

(1) Le 14 mai 1792.

rendis à Londres, chez M. Jordan , qui avoit fait la première édition. Il avoit ce même jour reçu une injonction de paroître, le lundi suivant, au tribunal du banc du roi, sans qu'on lui eût spécifié pourquoi. Supposant alors que c'étoit au sujet de mon livre, je lui donnai rendez-vous pour le lendemain matin chez lui, où j'allai en effet avec un procureur, et je pris sur mon compte tous les frais de la défense. Mais voyant ensuite que M. Jordan avoit quitté le procureur que je lui avois donné, et en avoit pris un autre, et qu'il avoit eu même des entretiens secrets avec les solliciteurs du trésor, je le laissai faire à sa fantaisie; et il prit le parti de déclarer l'ouvrage criminel. Il en étoit le maître, et je ne lui fis aucune objection. J'imagine que son idée, en se servant du mot *criminel*, n'étoit que d'avouer qu'il avoit publié le livre, sans s'enquérir de son mérite ou de son démérite; car s'il avoit eu d'autres intentions, la déclaration eût été le comble de l'absurdité, puisqu'il auroit converti un éditeur en un juri, et sa déclaration en un jugement; c'eût été, sans contredit, un nouveau raffinement dans l'art de se ménager la partialité des juris.

Le 21 mai, le procès contre moi commença. On m'attaqua comme auteur du livre, et on porta à mon domicile, à Londres, une assignation, pour me faire comparoître, le 8 juin suivant, au tribunal du banc du roi. Le même jour que l'assignation me fut donnée, c'est-à-dire, le 21 mai, parut la fameuse proclamation royale. Ainsi la cour de Saint-James et la cour du banc du roi s'entendoient parfaitement. La comédie des adresses complétoit leur plan ; et c'est à cette infame manière d'agir qu'on prostitue le nom de loi! Une si terrible rapidité, après un sommeil ministériel de près de huit mois, ne pouvoit provenir que de ce que le parti de la cour avoit appris de mon édition à bas prix, et de la crainte qu'inspiroient les lumières que le livre des *Droits de l'Homme* alloit répandre.

Plusieurs gens de loi, et autres, me conseillèrent de rendre plainte contre celui qui avoit publié la proclamation, comme tendante à influencer, ou plutôt à dicter le jugement du juri dans l'affaire qui étoit en instance : mais il me sembla qu'il valoit mieux profiter de l'occasion que m'offroit la combinaison des procédés dont je viens de rendre compte, pour combattre l'esprit même de la proclamation et des adresses, et défendre mon livre qu'on avoit osé attaquer d'une manière insoutenable.

Alors certain, comme je le suis encore, que le livre intitulé *les Droits de l'Homme*, loin d'être, comme on l'a malicieusement avancé, un libelle rempli d'erreurs dangereuses, est un ouvrage qui contient beaucoup de vérités incontestables, de principes les plus purs de morale et de bienfaisance, et enfin, d'argumens invincibles ; certain, dis-je, de tout cela, et n'ayant d'autre objet en vue que le bonheur du genre humain, j'en ai donné les preuves les plus évidentes qui fussent en mon pouvoir, en publiant l'édition à bas prix de la première et de la seconde partie de mon ouvrage. Que chacun lise et juge lui-même, non-seulement du mérite ou des défauts de l'ouvrage, mais du sujet qu'il traite, et qui a un rapport direct à l'intérêt et au bonheur des hommes.

Si démontrer les tromperies, les fraudes de la monarchie et de toute espèce de gouvernement héréditaire, vouloir diminuer le poids des impôts, proposer des plans pour
l'éducation

l'éducation des enfans pauvres et pour l'entretien des personnes âgées et malheureuses, essayer de concilier les nations les unes avec les autres, chercher à extirper du milieu d'elles l'horrible coutume de se faire la guerre, indiquer les moyens d'étendre la civilisation et le commerce, briser la chaîne de la superstition politique, et replacer l'homme dégradé au rang qui lui appartient; si tout cela, dis-je, est ce qui caractérise un libelle, je consens à prendre le titre d'auteur de libelles, et je veux même qu'on le grave sur ma tombe.

De toutes les mesures foibles et imprudentes que l'ignorance, la crainte et l'orgueil réunis peuvent suggérer, la proclamation royale et les adresses sont les deux plus mauvaises. Elles n'ont servi qu'à faire rechercher davantage le livre que les auteurs de ces mesures vouloient empêcher de connoître. On a d'ailleurs voulu, par ce moyen, faire violence au jugement du public, en l'invitant à condamner ce qu'on cherchoit à l'empêcher de lire ; et enfin le parti de la cour s'est exposé à l'issue d'un combat que la prudence auroit dû lui faire éviter.

Dans l'assemblée du comté de Middlesex,

il n'y eut que cent dix-huit votans. Les promoteurs s'attendoient cependant qu'on y
courroit en foule, et que des milliers de
voix s'élèveroient contre *les Droits de
l'Homme*. Mais probablement dans tous les
pays du monde, les hommes ne sont pas si
aveuglés sur leurs droits et leurs intérêts
que le gouvernement le croit.

Je viens de faire voir de quelle singulière
manière le parti du gouvernement commença son attaque. Je vais faire à présent
quelques observations, et sur la poursuite
de l'affaire et sur le mode par spécial
juri.

D'abord j'ai publié un livre, lequel s'il
ne peut être réfuté, ne peut être condamné.
Mais je ne considère pas le procès par rapport à moi particuliérement ; je le considère
comme contraire au droit général, au droit
qu'a chaque homme de discuter les différens
systêmes et les principes des gouvernemens,
et de montrer leurs avantages et leurs défauts. Si la presse est libre seulement pour
flatter la cour, comme l'a fait M. Burke,
et pour prôner, pour exalter ce que certains sycophantes sont convenus d'appeller
une glorieuse constitution, et n'est pas libre

(275)

pour découvrir les erreurs, les abus, pour examiner s'il y a en effet une constitution ou non, une telle liberté n'est autre chose que celle qu'on a en Espagne, à Constantinople et en Russie ; et dans ce cas-là, un juri ne peut être un juri qui juge, mais un tribunal d'inquisition qui condamne.

J'ai avancé et soutenu, par des argumens clairs et simples, que dans tous les temps une nation avoit le droit d'établir tel système ou forme de gouvernement qui convient le mieux à son caractère, à ses intérêts et à son bonheur, et ensuite de le changer, de le modifier lorsqu'elle le croit nécessaire. Est-il un juri qui puisse dénier ce droit à une nation ? S'il le fait, il est traître, et son jugement doit être nul.

Mais si le juri admet le droit, il faut qu'il admette aussi les moyens de l'exercer ; car il seroit absurde de dire que le droit existe, et non pas les moyens. La question est donc de savoir quels sont les moyens d'assurer la possession et l'exercice de ce droit national ? La réponse sera qu'il faut maintenir inviolablement le droit de discuter librement, parce que la discussion sert toujours à découvrir l'erreur et à faire briller la vérité.

Comme individu , j'ai donné mon opinion sur ce que je crois non-seulement le meilleur, mais le vrai système de gouvernement, c'est-à-dire, le gouvernement représentatif. J'ai exposé mes raisons à l'appui de ma créance.

Premiérement, je crois que dans un gouvernement représentatif il n'y a de pouvoir extraordinaire confié à personne , ni de revenus énormes donnés à un seul individu: conséquemment rien ne peut occasionner ces querelles, ces guerres civiles, si fréquentes dans une monarchie , et dont l'histoire d'Angleterre offre tant d'exemples.

Secondement, le gouvernement représentatif est toujours composé d'hommes d'un âge mûr : mais dans une monarchie, les rênes de l'état flottent souvent dans les mains d'un enfant, et souvent dans celles d'un vieillard caduc.

Troisiémement, le gouvernement représentatif n'admet que des hommes qui ont les qualités propres à gouverner, ou s'ils ne les ont pas, les expulse : mais dans un gouvernement héréditaire, une nation peut être sous les loix d'un coquin ou d'un imbécille , dont la vie dure quelquefois

long-temps, et qui laisse un successeur pire
que lui.

Quatriémement, on n'a jamais eu le droit
d'instituer un gouvernement héréditaire,
ou en autres termes, des successeurs héréditaires ; parce qu'un gouvernement héréditaire désigne un gouvernement à venir ; et
certainement les générations existantes ont
toujours, pour établir un gouvernement, le
même droit que celles qui les ont précédées. Aussi toutes les loix par lesquelles on
a voulu instituer l'hérédité du pouvoir , ne
sont fondées que sur l'orgueil et sur des
fictions politiques.

Si les principes que je viens d'énoncer
sont vrais , et je défie qui que ce soit de
prouver le contraire ; s'ils tendent à éclairer
le genre humain, à l'affranchir des erreurs,
de l'oppression et d'une superstition politique,
affranchissement qui est le seul objet de la
publication de mon livre, certainement le
juri qui osera qualifier ce livre d'*erroné*, de
méchant, de *dangereux,* se rendra coupable,
non-seulement d'un parjure, mais d'une
horrible injustice envers la patrie et envers
moi.

Dragonetti, dans son Traité des vertus

et des récompenses, a un paragraphe digne
d'être médité dans tous les pays du monde.
— « La science de l'homme d'état, dit-il,
» consiste à fixer le vrai point de liberté et
» de bonheur. Ils méritent la reconnois-
» sance des siècles, ces hommes qui pourront
» trouver le mode de gouvernement où l'on
» aura avec le moins de dépenses possibles
» pour la nation, la plus grande somme de
» bonheur individuel » !

Mais si les juris proscrivent les recherches, suppriment la vérité et arrêtent le
progrès des connoissances, ce palladium si
vanté de la liberté, devient le plus dangereux instrument de la tyrannie.

Parmi les ruses en usage au banc du roi et
dans d'autres tribunaux, pour en imposer à
l'ignorance des jurés, et obtenir un jugement auquel, sans cela, leur conscience
répugneroit, il en est une qui a très-bien
réussi ; c'est d'appeller la vérité un libelle,
et d'insinuer que les mots *erroné, méchant,
malicieux,* quoiqu'ils soient la partie la
plus résonnante, la plus formidable de
l'accusation, ne doivent pourtant pas être
de grande conséquence pour un juri. Et
pourquoi se serviroit-on de ces mots, si ce

n'étoit pour en imposer et consommer une vile diffamation ?

Je ne puis concevoir une plus grande violation de l'ordre, ni un outrage plus abominable pour la morale et pour la raison, que de voir un homme assis sur les bancs de la justice, affectant d'inspirer de la vénération aux auditeurs, par la manière antique dont il est vêtu, s'entretenant avec les témoins et les jurés qui, comme lui, ont fait serment de dire la vérité ; puis faisant lire l'acte d'accusation contre un homme qu'on prétend *avoir méchamment et malicieusement écrit un certain livre erroné, méchant et séditieux ;* et après avoir entendu tout avec un air aussi attentif, aussi grave que s'il voyoit l'œil de la divinité perçant la voûte du lieu où il est, en fixer sur lui ses regards étincelans, changer la scène en un instant et en faire une comédie pour obtenir un jugement qu'il n'auroit pas eu autrement ; ensuite dire aux jurés que les termes de *faussement, méchamment et séditieusement,* ne signifient rien ; que la *vérité* est hors de la question ; que si la personne accusée dire une *vérité* ou un *mensonge,* que son intention

ait été *bonne* ou *mauvaise*, c'est la même chose ; enfin terminer la farce inquisitoriale, par citer quelqu'ancien exemple non moins abominable que ce qu'il fait en ce moment, donner sa propre opinion et appeller mensongèrement tout cela—*la loi.*— Ce fut apparemment un juge tel que celui là qui mérita ce terrible reproche : — « l'Eternel te frappera, toi, muraille blan-
» chie ! »

A présent je vais faire quelques remarques sur ce qu'on appelle un jury spécial. Quant au rapport ou jugement spécial, je n'ai autre chose à dire, sinon que ce n'est réellement pas un jugement ; c'est un attentât de la part du jury de déléguer, et de la part des juges d'obtenir un droit dont l'exercice n'appartient qu'au jury seul.

Pour le jury spécial, je dirai ce que j'ai pu en apprendre, car j'ai trouvé que toutes les opinions sur la manière de le former différoient entr'elles.

D'abord l'invention de ce genre de jury est très-moderne. En voici, à ce qu'on m'a dit, l'origine.

Quand il s'élevoit autrefois quelque contestation entre les négocians et qu'elles étoient portées au tribunal du banc du roi, la nature de leur commerce, la façon de tenir leurs livres n'étant bien connues que par des personnes du même état, il étoit nécessaire de déroger à la manière ordinaire de nommer les jurés, et de ne choisir que des gens que leur connoissance pratique du commerce rendoit capables de décider le point en litige. D'après cela le jury spécial devient plus en usage : mais quelques doutes s'étant élevés sur leur légalité, ils furent, par un acte du parlement de la troisième année du règne de George II, déclarés légaux et étendus à tous les cas, non-seulement entre particuliers, mais même à ceux où *le gouvernement feroit partie.*

C'est probablement là ce qui a donné lieu au soupçon si généralement répandu sur la partialité et la corruption de ces jurys (1); par l'acte dont je viens de parler, quand la couronne, comme on dit, poursuit l'affaire, le maître de l'office de la couronne, qui tient son emploi de la couronne, nomme lui-même les jurés, ou a du

____

(1) L'expression angloise est *to pack a jury.*

moins beaucoup d'influence dans leur nomination. Aussi y a t-il grande apparence
qu'il choisit alors son jury.

Voici la méthode qu'on suit pour le jury
spécial.

Le plaignant ou le défendant en font
la demande à la cour, et la cour l'accorde
ou le refuse selon qu'il lui convient.

S'il est accordé, le procureur de la partie
qui l'a demandé en donne avis au procureur de la partie adverse ; et on fixe un
jour, une heure, pour se rendre chez le
maître de l'office de la couronne. Celui-ci
envoye avertir alors le shérif ou son subs-
titut, qui vient avec le livre des francs-tenanciers, dans lequel on choisit quarante-
huit noms ; on donne copie de ces noms à
chacune des parties. Un des jours suivans
on prévient encore d'un nouveau rendez-
vous. Les deux procureurs s'y trouvent, et
chacun ôte douze noms de la liste , qui
par ce moyen se trouve réduite de quarante-huit à vingt-quatre. Les douze premières personnes qui se présentent devant
le tribunal , et qui répondent à l'appel des
noms conservés , forment le jury spécial.
La première opération , c'est-à-dire, le

choix des quarante-huit noms, s'appelle
la nomination du jury, et la réduction à
vingt-quatre s'appelle rabaisser le jury.

Telle est la marche générale. Voici à
présent les détails particuliers. On demandera sans doute : comment on s'y prend
pour choisir quarante-huit noms dans le
livre du shérif ? Car c'est là que commencent les soupçons sur la corruption des
jurés.

Ou les parties conviennent entr'elles de
la manière de choisir ces noms, ou ils sont
pris d'après quelqu'ancienne méthode, ou
à la volonté d'une personne absolument
désintéressée, qu'on nomme officiellement
ou de gré à gré.

Quand il s'agit de contestations commer-
ciales, ou d'autres affaires entre particuliers, le maître de l'office, appellé l'office
de la couronne, est sans doute impartial,
et tel qu'il convient aux deux parties. C'est
donc lui qui leur présente la liste des quarante-huit noms, dont chacune d'elles ôte
douze. Mais la chose devient bien différente quand le gouvernement est accusateur. Le maître de l'office de la couronne
tient son emploi de cet accusateur, et il

n'est pas étonnant qu'on ne le soupçonne en pareil cas de choisir des jurés corrompus.

Ceci devient encore bien plus fort quand un procès est commencé contre l'auteur ou l'éditeur d'un livre qui traite des réformes, d'abolitions de places et d'emplois superflus, parce que dans ces cas là toute personne qui a un de ces emplois, devient intéressé à l'affaire ; et l'office, dit l'office de la couronne, peut, après un mûr examen, être mis au nombre de ces emplois superflus.

J'ai oui assurer que le maître de l'office de la couronne ouvroit le livre du shérif au hasard, et prenoit alors les quarante-huit premiers noms auxquels il voyoit ajouté le titre de négociant ou d'écuyer. Cela est effectivement vrai quand il s'agit d'un procès entre négocians. On suit alors l'ancienne coutume et il n'en faut pas davantage. Quant au titre d'écuyer tout le monde peut être écuyer, car tout le monde est le maître de se qualifier ainsi ; et la plupart des gens raisonnables ne prennent plus une dénomination si bannale. Mais il s'agit de savoir s'il existe à présent une loi, qui fixe la manière dont les quarante-huit noms seront choisis ; ou si on ne fait que suivre l'usage établi par le maître de l'office de la couronne lui-même ; ou enfin si le choix des quarante-huit noms dépend absolument de cet officier ? L'une de ces deux dernières choses me semble vraie ; parce que l'acte du parlement de la troisième année du règne de George II , ne donne aucun mode à cet égard, ni ne cite aucune loi antérieure qui pût en donner. Il dit seulement que le jury spécial sera dorénavant formé de la même manière qu'il l'a été jusqu'alors.

Cet acte me paroît trop obscur , et fut sans doute fait à la hâte, et assorti au besoin du moment. C'étoit dans la troisième année du règne de George II. Les partis étoient enflammés. Walpole étant alors ministre , vouloit par ce moyen diriger la composition du jury dans les affaires que le gouvernement auroit à poursuivre, et il le pouvoit d'autant plus aisément qu'il sembloit ne suivre qu'un usage établi entre négocians. Maintenant le choix d'un jury spécial, par le moyen d'un officier du gouvernement, tel, par exemple, que le maître de la couronne , peut bien être impartial lorsqu'il s'agit d'affaires particulières entre des négocians ou d'autres individus : mais il devient disconvenable, et fait naître des soupçons toutes les fois que le gouvernement est intéressé au procès. Il paroît surtout très-inconséquent que le gouvernement ait un officier pour commencer une instance contre ceux qui lui déplaisent, et un autre pour nommer les quarante-huit personnes d'où l'on tirera le jury ; lesquels deux officiers sont dépendans de la liste civile ; et cependant on continue à donner à tout cela le titre pompeux de *glorieux droit de jugement par jury* !

Lorsque le gouvernement poursuivoit Jordan, pour avoir publié les *Droits de l'homme*, le procureur-général proposa de nommer un jury spécial ; le maître de l'office de la couronne nomma alors quarante-huit personnes, qu'il choisit à sa fantaisie dans le livre du shérif. L'affaire n'alla pas plus loin, parce que Jordan refusa de se défendre. Mais s'il s'étoit défendu, cela auroit donné occasion de discuter la nature du jury spécial ; et quoique cette discussion eût peut-être été inutile aux yeux des juges du banc du roi, elle n'auroit pas manqué, dans la disposition actuelle des esprits, de faire quelqu'impression sur le peuple Anglois. Dans toutes les réformes nationales, il s'agit de commencer. Portez la lumière chez un peuple, et bientôt il rectifiera son gouvernement.

Parmi les inconvenances du gouvernement, lorsqu'il a voulu former le jury spécial pour une affaire qui le concernoit, on a remarqué que ses officiers invitoient les jurés à dîner, et qu'ensuite ils leur donnoient deux guinées à chacun. On sait très-bien qu'à Londres et à Westminster, il y a des gens dévoués au service de la cour, lesquels ne font pas d'autre métier que celui de jurés dans le jury spécial.

Mais en voilà assez sur ces sortes de jurys. Quant au jury ordinaire, si, tandis que les shérifs actuels sont en place, l'on fait quelque poursuite contre l'auteur des *Droits de l'homme*, je me bornerai à une question. Je demanderai si les shérifs ayant préjugé l'affaire, en faisant voter une adresse dans le comté de Middlesex; (quelqu'insignifiante que soit cette adresse, puisqu'il n'y a que cent dix-huit signataires,) je demanderai, dis-je, s'ils peuvent convenablement se mêler du jury qui jugera cette affaire?

Mais l'affaire des *Droits de l'homme* me paroît encore digne d'une autre considération. Il s'agit de savoir si une partie quelconque de la nation, choisie comme l'est un jury de douze hommes, est compétente pour juger et décider, au nom de toute la nation, sur un systême de gouvernement; et si ce n'est pas appliquer l'institution des jurys à un objet auquel ils ne sont pas destinés?

Voici un exemple. J'ai avancé dans le livre des *Droits de l'homme*, que comme en Angleterre tout homme paie des impôts, tout homme a droit aussi de participer au gouvernement; et que conséquemment les habitans de Manchester, de Birmingham, de Sheffield, de Leeds, d'Halifax, etc. ont les mêmes droits que ceux de Londres. Douze hommes choisis dans Temple-Bar ou dans White-Chapel, parce que mon livre a été d'abord publié à Londres, peuvent-ils donc décider des droits des habitans de quelqu'autre ville ou village que ce soit?

Je vais à présent laisser les jurys, et faire quelques observations sur la matière du procès qu'on m'a intenté.

Le

Le livre des Droits de l'homme est divisé
en deux parties. L'on a jugé à propos de ne
point dénoncer la première ; et en dénon-
çant la seconde, on s'est borné à en citer
quelques paragraphes qui, réunis, ne forment pas plus de deux pages. Ces paragraphes ont principalement rapport à certains
faits, tels que la révolution de 1688, et
l'élévation de George Ier, c'est-à-dire, de la
maison de Brunswick ou d'Hanovre au trône
d'Angleterre. Mais pour les argumens, les
plans, les principes que contient le livre,
on n'a pas tenté de les attaquer. Ils sont hors
de l'atteinte du dénonciateur.

L'acte sur lequel cet homme paroît le plus
compter pour faire valoir sa dénonciation,
est intitulé : « Acte qui déclare les droits
» et libertés des sujets, et qui assure la suc-
» cession de la couronne ». Acte qui est
de la première année du règne de Guillaume
et de Marie, et qui est connu sous le nom
de *bill des droits.*

Moi, j'ai appellé ce bill, le *bill des torts
et des outrages.* Et voici les raisons que j'en
donne.

La méthode, le principe même, d'après
lesquels ce bill déclare des droits et des

libertés, sont contraires aux droits et à la liberté. C'est une insolente atteinte à la liberté, aux droits de la postérité ; et pour le prouver, je vais rapporter les expressions du bill.

« Les lords spirituels et temporels, et les » communes, au nom de tout le peuple, » se soumettent très-humblement et fidèle-» ment eux, leurs héritiers, et leur posté-» rité pour toujours ». —— C'est-à-dire qu'ils se donnent à Guillaume, à Marie sa femme, et à leurs successeurs. C'est, en vérité, une singulière manière de déclarer des droits et des libertés. Mais le parlement qui fit cette déclaration au nom et de la part du peuple, n'étoit point autorisé par le peuple ; et quant à la postérité qu'il ose engager aussi pour toujours, certainement il n'en avoit aucun droit. C'est une insolente usurpation. J'ai discuté très au long le principe de ce bill dans la première partie des Droits de l'homme. Le dénonciateur s'est tu sur cette discussion ; et après avoir admis mes raisonnemens contre le bill, il commence à m'attaquer sur son autorité.

Il est nécessaire d'observer que la déclaration que contient le bill, toute abjecte et

déraisonnable qu'elle est, n'a été faite que
dans l'intention d'humilier la famille des
Stuarts et leurs partisans. On ne prévoyoit
pas alors que cent ans après, les hommes
imagineroient un meilleur système de gouvernement, et que l'hérédité de la couronne
tomberoit comme sont tombés les privilèges
des papes et des moines ; on étoit loin,
dis-je, de se douter de cela. Aussi l'appli-
cation du bill dans le procès qu'on m'a
intenté, est illégale et absurde ; c'est comme
si l'on créoit un nouveau bill *ex post
facto.*

Pour pouvoir entretenir, aux dépens du
peuple , une liste civile considérable ,
énorme , avec une foule d'emplois et de
places inutiles, les courtisans ont toujours
eu l'adresse de faire porter toute l'Angleterre sur un individu appellé *roi* , quoique
souvent le pauvre homme n'ait pas assez
de capacité pour être huissier de paroisse.
Tous les jours on voit de plus en plus l'extravagance de cet usage ; et cependant ces
messieurs continuent à agir comme si l'opinion publique étoit toujours la même. Ils
écoutent patiemment l'un , l'autre, leurs

discours insensés, et ils s'imaginent que la nation parle le même *argot*.

Que ces hommes-là célèbrent à leur gré la maison d'Orange, ou la maison de Brunswick, ils en célébreroient également une autre si cela leur étoit utile, et ils sauroient trouver d'aussi bonnes raisons pour le faire. Mais qu'est pour une nation la maison d'Orange, la maison de Brunswick, ou quelle autre que puisse être ? — « Pour qu'une » nation soit libre, il suffit qu'elle le veuille ». — Sa liberté dépend d'elle-même, non d'une maison ou d'un individu. Je ne veux point savoir comment les autres voient cette charge des maisons étrangères ; mais je dirai ce qu'elle me paroît être à moi. — Il me semble entendre les arbres d'une forêt appeller la ronce, et lui dire : viens et règne sur nous.

En voilà assez sur cet article. Parlons à présent de deux autres objets qu'il faut aussi un peu examiner : l'un est la chambre des lords ; l'autre celle des communes. Ici j'imagine que le procureur - général est dans l'intention de prouver que je suis coupable, soit que j'aie dit la vérité ou le mensonge ; car suivant la manière qu'ont ces messieurs

d'interpréter les libelles, elle n'a pas besoin
d'explication ; et pour mettre le comble
à l'absurdité de leur doctrine , il faudroit qu'ils persécutassent un homme pour
avoir dit une *très-fausse et dangereuse
vérité*.

Je vais copier un passage de l'assignation,
en mettant en parenthèse les choses dangereuses que le procureur - général a dénon-
cées dans son information ; et j'espère que
quand cet officier de la liste civile le lira,
il avertira la cour de ne pas rire , et ne pourra
peut - être pas s'empêcher de rire lui-
même.

L'information dit que « Thomas Paine
» étant un homme pervers, méchant, sédi-
» tieux, et disposé au mal, il a, avec force
» et armes, et la plus dangereuse adresse,
» écrit et publié un certain libelle, faux,
» scandaleux, méchant et séditieux, dans
» une partie duquel on trouve ce qui suit,
» c'est-à-dire :

» Quant aux deux chambres qui com-
» posent le parlement d'Angleterre, (*cela
» signifie le parlement de ce royaume*)
» elles paroissent effectivement influencées
» de la même manière ; et comme législa-

» ture, elles n'ont point un caractère qui
» leur soit propre. Le ministre, (*c'est-à-*
» *dire, le ministre employé par le roi de*
» *ce royaume, pour son administration,*)
» quel qu'il soit, et dans quel temps que ce
» puisse être, les touche (*ces deux chambres*
» *du parlement de ce royaume*) avec un ca-
» ducée, qui semble répandre l'opium, et
» aussi-tôt elles (*c'est-à-dire, les deux*
» *chambres du parlement de ce royaume*)
» s'endorment dans l'obéissance. »

Comme je ne suis pas assez malin pour troubler leur repos, quoiqu'il soit bien temps qu'elles s'éveillent, je les laisse, ainsi que le procureur-général, rêver tout à leur aise ; et je passe à un autre objet.

Les personnes à qui je vais maintenant m'adresser, sont ces messieurs qui se sont qualifiés du titre d'*amis du peuple,* et qui se rassemblent à la taverne des francs-maçons à Londres.

L'un des principaux membres de cette société est M. Grey, qui, je crois, est un des membres du parlement le plus indépendant. Je ne le sais pas, à la vérité, par moi-même ; mais j'en parle d'après ce que m'a dit une fois M. Burke.

J'étois en Angleterre dans le temps qu'il commença à être question de la niaiserie de la baie de Nootka. Le lendemain du message du roi au parlement, j'écrivis un billet à M. Burke, pour lui dire que, desirant de lui apprendre quelque chose que je savois concernant l'affaire de Nootka, je me rendrois le lendemain matin chez lui, à condition que nous ne parlerions pas de la révolution de France. Il est bon de savoir qu'il travailloit alors au livre auquel ma première partie des Droits de l'homme sert de réponse. Pour l'affaire de Nootka , il me sembloit bien extraordinaire qu'une assemblée d'hommes, qui s'appellent les représentans du peuple, pût se déterminer aussi précipitamment, *ou s'endormir dans l'obéissance ,* comme le parlement étoit prêt à le faire, et plonger la nation dans des dépenses, et peut-être dans une guerre, sans chercher à en connoître l'objet, sur lequel j'avois moi-même des renseignemens.

Quand je vis M. Burke, et que nous eûmes causé de Nootka, il me parla de M. Grey, comme de l'homme le plus propre à faire valoir ce que je venois de lui apprendre ; « car, » me dit-il, je ne le puis pas moi - même ;

T 4

» parce que j'ai commencé à traiter avec
» M. Pitt, relativement au procès d'Has-
» tings ». —— J'espère que le procureur-
général conviendra que M. Burke *dormoit
alors dans l'obéissance*.

Mais revenons à la société des Amis du
peuple. Je ne puis croire qu'elle ait aucun
autre motif que celui qui a fait toujours rassembler les membres du parlement qui ont
jusqu'à présent composé les partis de l'opposition. Ne pouvant pas obtenir au-dedans
l'autorité et les places, ils ont, et même
d'une manière qui n'est pas trop honnête ;
ils ont, dis-je, tenté de s'en emparer au-
dehors : mais ils n'ont fait que ce que
d'autres avoient fait avant eux. Il me semble
qu'ils ont veillé, avec plus d'adresse que de
candeur, les succès d'un certain livre ; et
voyant qu'il se répandoit et excitoit un
esprit de recherche, ils se sont avancés
pour profiter de l'occasion. M. Fox l'a appellé *alors* un libelle ; et en parlant ainsi il
se rendoit lui-même un libelliste. Des politiques de cette espèce, c'est-à-dire, ceux
qui flottent entre les partis, et attendent les
événemens pour se décider, se trouvent
dans tous les pays ; et jamais il n'arrive qu'ils

fassent plus de mal que de bien. Ils gênent la marche des affaires, font du bruit pour rien, tracassent le peuple, et ordinairement ils vont aussi loin qu'il le faut pour se faire des ennemis du petit nombre, mais non pas assez pour se faire des amis du grand nombre.

Quiconque lira les déclarations de la société des Amis du peuple, des 25 avril et 5 mai, y trouvera une réserve étudiée sur tous les vrais abus. Ils ne parlent pas une seule fois de l'extravagance du gouvernement, ni de l'abominable liste de pensions et d'emplois inutiles, ni de l'énormité de la liste civile, ni de l'excès des impôts, ni de rien de ce qui intéresse essentiellement la nation ; et d'après quelques conversations qui ont eu lieu dans leur société, je ne crois pas qu'il entre dans leur plan d'opérer jamais aucune réforme. Jamais, d'ailleurs, aucun parti de l'opposition n'a fait des changemens quand il a eu le dessus.

En faisant ces observations avec franchise, je ne prétends point entrer en querelle avec la société des Amis du peuple. L'incivilité de ces messieurs, à mon égard, est tout ce que j'aurois pu attendre de ces prétendus réformateurs qui courent les places. Je les félicite pourtant des pas qu'ils ont faits dans la carrière où ils sont entrés, et je souhaite qu'ils marchent avec autant de droiture, de désintéressement et d'amour du bien public, que moi. Quelques réformes qui s'opèrent, et par quelques moyens qu'on les obtiennent, elles seront à l'avantage des autres, non au mien. Je n'y prends d'autre intérêt que celui que le cœur me suggère. Je ne sers qu'en volontaire qui n'est attaché à aucun parti; et quand je quitterai le combat, ce sera avec non moins d'honneur que j'y suis entré.

Je considère la manière dont *les Amis du peuple* s'y sont pris, en s'adressant au parlement pour obtenir une réforme parlementaire, comme un de ces moyens usés dont la nation est fatiguée, et avec lesquels les partis se trompent l'un et l'autre. Le parlement ne peut point admettre un tel moyen qu'aucun gouvernement n'a le droit de se changer lui-même, en tout ou en partie. Ce droit, et l'exercice de ce droit n'appartiennent qu'à la nation; et le moyen de le mettre en pratique, c'est d'assembler une convention nationale, élue par tout le peuple. Alors on connoîtra si la nation veut une réformé, ou non ; quelle doit être cette réforme, et jusqu'où elle doit s'étendre : mais ce n'est que comme cela qu'elle peut manifester sa volonté. Des adresses partielles, des associations particulières n'expriment point le vœu général.

Il est bien certain que l'opinion des hommes sur le mode et les principes du gouvernement, change rapidement dans tous les pays du monde. Dans l'espace d'une seule année, ce changement a été bien plus grand en Angleterre qu'on ne l'auroit pu croire, et il augmente à chaque instant. Il s'étend dans tout le pays avec le silence de la réflexion. Les dépenses excessives du gouvernement ont excité les hommes à penser, parce qu'elles se sont faites sentir ; et la proclamation royale a accru l'indignation et le dégoût. Aussi pour prévenir les commotions violentes et soudaines que produit trop souvent un mécontentement contraint, il faudroit que la volonté générale pût se faire connoître librement.

La représentation est bien inégale, bien

mauvaise en Angleterre, et chaque jour elle le devient davantage, parce que les lieux qui ne sont pas représentés augmentent de population et de richesse, et que beaucoup de ceux qui sont représentés décroissent. On peut donc dire, avec assez d'exactitude, que comme sur sept personnes il n'y en a pas plus d'une représentée, quatorze millions d'impôts, au moins, des dix-sept qu'on lève, sont payés par la partie du peuple non représentée; car, quoiqu'en disent les livres de taxes pour les terres, les propriétaires ne sont pas représentés. Si une suspension générale de paiement avoit lieu, par la raison que la représentation est inégale, ni les représentans des bourgs corrompus, ni un juré spécial ne pourroient décider la question. Cela peut arriver; on doit le prévoir, afin de prévenir les malheurs dont beaucoup de gens seroient victimes.

J'avoue que je n'ai point d'idée de pétitions pour réclamer les droits du peuple. Quels que soient ces droits le peuple doit en jouir, et personne ne peut ni les lui ôter, ni les lui accorder. Un gouvernement doit être établi sur des principes si justes,

qu'il ne puisse jamais donner lieu à des réclamations ; car ces réclamations sont toujours de vraies accusations.

Puisque M. Grey s'est chargé de cette
affaire, je souhaite qu'il y fasse une grande
attention. Il verra alors que le droit de
réformer la représentation du peuple ne réside point dans le parlement ; et que la
seule motion qu'il puisse faire à cet égard,
c'est d'engager le parlement à *recomman-
der* l'élection d'une convention par tout le
peuple, parce que tout le peuple paie des
impôts. Mais que le parlement le recommande ou non, le droit de la nation n'en
peut être augmenté ni diminué.

Quant aux pétitions que font les parties du
peuple non représentées, on ne doit pas s'en
occuper. Il vaudroit autant que Manchester,
Sheffield s'adressassent aux bourgs corrompus, que de s'adresser aux représentans
de ces bourgs. Ces deux villes seules paient
plus d'impôts que tous les bourgs pourris
ensemble ; et il n'y a guère apparence qu'elles
veuillent faire leur cour aux bourgs, ni aux
acheteurs de bourgs.

Il faut observer aussi que ce qu'on appelle le parlement est composé de deux

chambres qui ont toujours déclaré que l'une n'avoit point droit de se mêler des choses particulières à l'autre, sur-tout en ce qui concerne l'élection. Par ce moyen, il ne peut point y avoir dans la représentation de réforme émanée d'un acte du parlement, parce qu'il faudroit alors une interférence contre laquelle les communes ont protesté. Pour se soumettre donc aux formalités autant qu'au droit, on ne peut avoir une réforme que par une convention nationale.

Que M. Grey, ou tout autre, s'asseye et rassemble toutes ses pensées s'il a l'intention de préparer une adresse au parlement, pour en obtenir la réforme, et il sera bientôt convaincu de la folie d'une telle entreprise. Il verra qu'il ne peut pas réussir, qu'il ne peut pas même joindre ses idées de manière à produire quelqu'effet ; car de quelque manière qu'il arrange ses mots, il sera forcé d'exprimer deux choses diamétralement opposées : l'une en présentant ses raisons ; l'autre en implorant le redressement de ses torts ; et voici alors quel sera le sens de son discours. —— « La représentation du » parlement est si corrompue, que nous ne

» pouvons plus long-temps y avoir con-
» fiance. —— C'est pourquoi, nous confiant
» dans la justice et sagesse du parlement,
» nous le prions , etc. »

La lenteur qu'a éprouvé la confection de toutes les pétitions qu'on a voulu jusqu'à présent présenter au parlement à ce sujet, montre suffisamment que quoique la nation ne jugeât pas exactement de l'impropriété d'une telle mesure, elle voyoit assez qu'elle ne pouvoit pas réussir. On peut ajouter encore que plus un parlement est mal composé, plus il aura de répugnance à accueillir une pétition contre lui. La chose vue comme elle doit l'être , est la plus cruelle censure du parlement. C'est comme si le public lui disoit : « vous n'êtes pas digne d'une ré-
» forme ».

Qu'on examine le calendrier de la cour, où sont les gens en place des deux chambres du parlement, l'on verra l'effet de la liste civile , et on ne sera plus embarrassé de chercher la cause de cette indifférence et de ce manque de confiance d'un côté, et de l'opposition à une réforme de l'autre.

Indépendamment du grand nombre de gens payés dont les noms inscrits dans le

calendrier de la cour frappent insolemment les regards du public, il y a beaucoup d'autres pensionnaires masqués qui
rendent le parlement encore plus suspect.

Qui auroit pu s'imaginer que M. Burke
lui-même qui a si long - temps déclamé
contre l'influence perfide de la cour et une
majorité corrompue, finiroit par recevoir
une pension secrette ? Je veux donner la
preuve de ce que j'avance, non pour com-
promettre M. Burke, mais pour montrer
l'inconséquence de présenter une adresse
à une assemblée d'hommes, dont plus de
la moitié est, autant que l'on peut le savoir,
dans le même cas que celui dont je
parle.

Vers la fin du ministère de lord North,
M. Burke présenta au parlement un bill,
généralement connu sous le nom de bill
de Burke pour une réforme. On y trouve
entr'autres choses, ce passage remarquable :
— « qu'aucune pension au-dessus de la
» somme de trois cents livres sterling par
» an, ne pourra être accordée à personne,
» et que la somme totale des pensions ne
» pourroit se monter chaque année qu'à
» 9o,ooo livres sterling ; et qu'une liste

de

» de ces pensions avec le nom des per-
» sonnes qui en jouiront, sera mise sous
» les yeux du parlement, vingt jours après
» l'ouverture de chaque session , jusqu'à
» ce que toutes les pensions soient réduites
» à quatre-vingt-dix mille livres sterling ».

Il y a ensuite une clause provisoire, portant : — « que le premier commissaire de
» la trésorerie pourra légalement porter dans
» l'échiquier, toute pension ou annuité ,
» donnée *sans nom* , en faisant serment que
» cette pension ou annuité n'est directe-
» ment ni indirectement au bénéfice ou à
» l'usage d'aucun membre de la chambre
» des communes ».

Mais bientôt après que le ministère de lord
North eut cessé et que le parti auquel étoit
attaché M. Burke fut en place, il paroît,
suivant ce que je vais raconter, que M.
Burke lui-même devint un pensionnaire
déguisé. Ce fut comme si une pension accordée sous le nom de John Nokes, étoit
payée secrétement à Tom Stiles. Le nom
d'Edmund Burke ne se trouve point dans
l'acte original : mais après que M. Burke
eut la pension, il voulut tout d'un coup
en tirer le meilleur parti et la vendre. La

V

personne au nom de laquelle étoit la pension, se présenta en conséquence chez un
notaire, et malheureusement il cita M.
Burke, comme étant le vrai pensionnaire à
1500 livres sterling par an. Quand certaines gens font sonner si haut ce qu'ils appellent les avantages de la constitution, on
voit bien de quelle sorte d'avantages ils veulent parler.

Quant à la liste civile d'un million sterling par an, on ne suppose pas qu'un homme
puisse dépenser pour lui seul une telle somme. Mais plus de la moitié en est distribuée
aux courtisans, aux membres du parlement
du parti de la cour, à des titulaires de
places insignifiantes et parfaitement inutiles
au bien public et à tout ce qui pourroit
concerner un gouvernement sage.

A quoi serviroit, par exemple, dans un
bon gouvernement, ce qu'on appelle un
lord chambellan, un maître, une maîtresse
de la garde-robe, un grand écuyer, un
grand fauconnier, et cent autres choses
pareilles ? Toutes ces vanités n'ajoutent rien
ni à la force, ni à la bonté des loix.

On voit dans l'histoire des revenus de
la couronne, par sir John Sinclair, que les

déboursés de la liste civile en 1786, offrent quatre paiemens différens pour cet inutile emploi de chambellan.

$$
\begin{array}{llll}
1^{\circ}. & 38,778 \text{ l.} & 17 \text{ s.} & \text{d.} \\
2^{\circ}. & 3,000 \\
3^{\circ}. & 24,069 & 19 \\
4^{\circ}. & 10,000 & 18 & 3 \\
\hline
& 75,849 & 14 & 3
\end{array}
$$

Il a touché encore 1,119 pour aumônes.

D'après cet exemple on peut deviner le reste.

Quant au grand fauconnier les salaires sont de 1372 liv. 10 sous. Cependant le roi n'a point de faucons, et quand il en auroit ce ne seroit pas une raison pour que leur nourriture fût payée par le peuple, dont une partie est privée pour toutes ces dépenses du pain destiné à ses enfans.

Outre tous ces articles déplacés, qui suffiroient pour remplir une main de papier, la liste seule des pensions s'élève à 107,404 liv. 13 s. 4 den., ce qui surpasse toutes les dépenses du gouvernement fédéral des Etats-Unis de l'Amérique.

Parmi les *Items* de la liste civile, il y en a deux que je ne m'attendois pas d'y trouver et qu'il faut faire connoître pour donner une idée de son influence. L'un est le paiement de 1,700 liv. sterling aux prêtres *dissenters* (1) d'Angleterre, et 800 liv. sterling à ceux d'Irlande.

C'est un fait certain, et voici comment, autant que j'ai pu le savoir, se fait cette distribution. Les 1700 liv. sont remises à un seul prêtre dissenter de Londres. Celui-ci les partage à huit de ses confrères, et ces huit les subdivisent comme ils veulent. Les laïcs dissenters et plusieurs de leurs principaux prêtres, ont long - temps considéré cette pension comme déshonorante ; ils se sont même efforcés de la faire suspendre : mais elle continue à être payée secrétement ; et comme on a vu souvent des adresses d'une partie des dissenters, il est naturel de penser qu'elles ont été promues par leurs pensionnaires, tels que les évêques et autres membres du clergé courtisan. Quant à l'argent donné aux prêtres dissenters d'Irlande, j'ignore comment s'en fait la distribution.

Mon dessein n'est pas de faire ici l'his-

____

(1) Qui ne sont pas de la religion dominante.

toire secrette de la liste civile. Il me suffit de faire connoître en général et son caractère et la puissante influence qu'elle a. Il faut nécessairement qu'elle soit soumise à la réforme ; conséquemment j'en ai dit assez pour montrer qu'elle influe trop sur le parlement pour qu'on puisse réussir à obtenir de ce corps une amélioration dans le gouvernement. Il est même absurde de s'en occuper de cette manière.

Le parti qui tient les places, ni l'opposition qui veut les lui ravir, ne souffriront jamais qu'on les retranche. Et quant à la grande réforme du parlement, on se fait illusion si l'on croit qu'elle s'opérera jamais sous un autre parlement élu différemment de celui-ci, mais composé également et ayant une chambre des communes, subordonnés en quelque sorte à la chambre haute et au roi ; car non-seulement la chose est impraticable, par rapport aux formalités qu'il faudroit suivre , mais en l'entreprenant on exposeroit imprudemment une nouvelle assemblée à la corruption qui dégrade celle-ci.

S'il étoit possible de réformer tous les abus par une simple réforme dans la re-

présentation, il seroit sans doute bien plus
à propos qu'on demandât aux membres du
parlement actuel de le faire, que d'attendre qu'ils s'en occupassent dans un autre
parlement. Si la vertu exige qu'on détruise
les abus, elle veut aussi qu'on s'y prenne
d'une manière convenable, et la nation
doit nécessairement suivre quelqu'autre plan
que celui des pétitions.

J'ai essayé de faire voir quel est l'état
abject du parlement : j'ai démontré l'extravagance qu'il y auroit à suivre encore la
route qui nous a déjà conduits loin du
but. Il me reste maintenant un dernier objet à traiter.

Il faudroit que dans la constitution de
chaque pays il y eût un mode par lequel
on pût, dans toutes les occasions extraordinaires, en appeller au pouvoir constituant,
c'est-à-dire, à la nation elle-même. Le droit
de changer une partie du gouvernement
ne peut, comme je l'ai déjà observé, résider
dans le gouvernement, ou plutôt le gouvernement ne peut pas lui-même se faire.

On doit aussi regarder comme certain, que
quoiqu'une nation croie avoir des sujets de
plainte, soit par rapport à l'excès des impôts,

soit par rapport à la manière dont on les
emploie, ou par quelqu'autre raison, elle
ne peut pourtant pas voir assez clairement
tout de suite dans quelle partie du gouvernement est la source de son mal. On peut
la supposer dans l'une, et, après y avoir
bien regardé, la trouver dans l'autre, ou
même également dans toutes. Cela arrive
naturellement dans ce qu'on appelle les gouvernemens mixtes.

Cependant, que la réforme s'accomplisse
comme on voudra, elle ne peut jamais avoir
lieu qu'après qu'on connoîtra parfaitement
toutes les causes qui la rendent nécessaire;
et toutes les fois qu'on voudra aller trop
vîte dans cette matière, on ne pourra que
deviner à demi et se tromper. On ne peut
certainement pas supposer qu'en s'adressant
au parlement, on ait beaucoup de renseignemens sur les vraies causes des abus. C'est,
dit-on, dans son sein qu'elles sont, ou du
moins il en est une. On ne peut pas espérer, on ne peut pas même lui demander
qu'il parle contre lui : ainsi les recherches,
par lesquelles on doit nécessairement commencer, ne doivent point être confiées au
parlement; il faut qu'elles soient faites par

une autre assemblée, à l'abri de toute corruption, de toute influence, même de tout
soupçon.

Loin d'avoir recours à des bourgs corrompus, à des corporations ridicules pour
avoir des adresses, et d'aller méndier quelques signatures dans les campagnes, il faudroit tout de suite en venir au seul mode
qui puisse réussir; il faudroit élire une convention nationale. Par ce moyen, la volonté
générale, ainsi que je l'ai déjà remarqué,
s'expliquera. On verra si le peuple veut une
réforme ou non, ce qu'elle doit être, et jusqu'où elle doit s'étendre. Encore une fois,
c'est là l'unique moyen de connoître le vœu
de la nation.

Cette convention, soutenue par la nation
et revêtue de sa puissance, auroit l'autorité
nécessaire pour demander les renseignemens
les plus étendus, sur tous les objets à réformer ou à modifier, et ni ministres, ni
autres ne pourroient les lui refuser. On sauroit alors s'il est nécessaire de lever dix-
sept millions sterling d'impôts, et à quoi on
emploie cette somme énorme. Les pensionnaires secrets seroient démasqués; et la
source de l'influence et de la corruption,

s'il est vrai qu'il en existe , seroit découverte aux yeux de la nation entière, non pour qu'elle en tirât vengeance, mais pour qu'elle la fît tarir.

En prenant ce parti , on verroit bientôt cesser les adresses partielles et les associations particulières. La nation décréteroit elle-même ses propres réformes ; et les partis, les factions, les gens du dedans, les gens du dehors, ne seroient plus que ridicules.

L'organisation d'une convention nationale est aisée.

D'abord le nombre des habitans de tous les comtés est suffisamment connu par le registre des taxes sur les maisons et les fenêtres; et c'est conséquemment d'après cela qu'on peut juger du nombre de membres que chaque comté doit envoyer à la convention nationale.

Si la population de l'Angleterre s'élève à sept millions d'hommes , et le nombre des membres de la convention à mille , un comté qui a cent cinquante mille habitans, aura fourni vingt-un membres, et les autres à proportion.

Comme une convention , chargée de faire

connoître la volonté de la nation, doit être élue par des moyens différens que le parlement, le mode qui paroît le plus convenable, est celui de ne point s'assujettir à des coutumes absurdes et à de prétendus droits. Le droit de chaque homme doit être le même, soit qu'il habite les villes ou les villages. La coutume d'attacher des droits *à la place* non *à la personne*, indépendamment de sa place, est trop absurde pour qu'on puisse raisonnablement s'en prévaloir.

Comme en Angleterre tout homme qui atteint vingt-un ans paie des impôts, soit sur ses propriétés, soit sur son labeur, qui est sa propriété, et est en outre soumis à toutes les loix du pays, il doit conséquemment jouir du droit de voter; et aucune partie de la nation, aucun individu n'a le droit de disputer le droit d'un autre. Celui qui le fera doit être privé de l'exercice de son propre droit pendant un certain nombre d'années: c'est le moyen de proportionner la punition au crime.

Quand les qualités nécessaires pour voter sont réglées sur l'âge, c'est la manière la plus propre à les assurer; car la mort seule peut en prévenir l'exercice ; et dès-lors le principe de l'égalité des droits est vraiment reconnu : mais quand les droits dépendent des propriétés, ils ne sont que précaires et incertains.—«Les richesses se font des ailes » et s'envolent ». —— Les droits fuient avec elles ; et ils sont perdus pour l'homme, au moment où il en a le plus de besoin.

C'est par un mélange bizarre de tyrannie et de lâcheté qu'on a mis en usage les exclusions, et qu'elles durent encore. Le courage de l'injustice se change bientôt en duplicité, et même en peur. Les représentans de l'Angleterre semblent craindre à présent d'avoir la moindre équité, de peur que la nation n'ouvre les yeux sur toutes les injustices qu'elle a souffertes. Ceci sert à prouver que la conduite qui garantit le mieux la sûreté d'un individu, c'est-à-dire, un attachement strict aux principes, est celle qui garantit aussi la sûreté du gouvernement ; et sans cela, la sûreté n'est qu'un mot vuide de sens.

Quand le riche enlève au pauvre ses droits, il lui donne l'exemple de lui enlever à son tour ses propriétés ; car les droits de l'un sont aussi sacrés que les richesses de l'autre; et quand peu de chose est tout ce qu'on possède, ce peu est aussi cher que si l'on possédoit beaucoup. Ce n'est qu'en partant d'un principe juste que les hommes sont conduits à être justes les uns envers les autres; et toutes les fois que le riche respectera les droits du pauvre, le pauvre sera porté à respecter les propriétés du riche; mais pour avoir quelqu'efficacité, la garantie doit être *parlementairement* réciproque.

Non - seulement les exclusions sont injustes, mais elles sont fréquemment aussi injurieuses pour le parti qui en abuse, que pour les personnes sur qui elles portent. Quand des hommes cherchent à en priver d'autres de l'exercice de quelque droit, ils devroient au moins être bien assurés d'une entière réussite, car autrement ils en seront dupes. C'est ce qui a lieu pour le droit d'élection. Le parti monopoleux ne pouvant pas retenir la représentation au parlement, à qui est confié le pouvoir de mettre des impôts, dans l'état où elle auroit dû être, a par ce moyen fait multiplier les taxes et sur lui et sur ceux qu'il a privés du droit d'élection.

L'on a déjà dit beaucoup de choses sur la commission qui, d'après les fautes qu'un homme peut avoir commises, lui ôte le droit de voter ; et ce sujet n'est pas encore épuisé. Si la commission faisoit son devoir, elle exclueroit un grand nombre des électeurs actuels, et même de leurs représentans ; car de toutes les fautes il n'y en a pas d'aussi destructive de toute morale, d'aussi pernicieuse pour la société, que la brigue et la séduction : mais on passe là-dessus par politesse, et on laisse aux corrupteurs le moyen de réparer leur réputation, ou plutôt de s'en faire une autre.

La manière de faire les élections en Angleterre, est, d'un bout à l'autre, contraire à ce qu'elle devroit être ; et la grossiéreté qui y domine n'est qu'une conséquence naturelle du renversement de l'ordre.

D'abord le candidat cherche les électeurs, au lieu que ce sont les électeurs qui devroient chercher un représentant. Les électeurs sont bien avertis d'être dans les intérêts du candidat, tandis qu'il faudroit que ce fût le candidat qui défendît les intérêts des électeurs. Le candidat paie les électeurs pour avoir voté pour lui : mais il devroit, au contraire, être lui-même payé par la nation, à qui il consacre ses soins et son temps. Un candidat se plaint d'une élection indue, comme si c'étoit lui, et non le corps des électeurs qui fût lésé; et pendant que l'élection dure, il prend sur lui de la rompre, en se retirant, comme si l'élection étoit un droit qui lui appartînt, et non pas aux électeurs.

L'accord qui eut lieu à la dernière élection de Westminster, entre M. Fox et lord Hood, étoit une indécente violation des principes. Les candidats s'approprièrent les droits des électeurs; car les électeurs seuls avoient le droit de faire un accord. Mais le vrai principe de l'élection et de la représentation est si complétement détruit, que les inconséquences en ce genre ne peuvent plus étonner.

Le vœu de la nation ne peut être connu ni par de pareilles élections, ni par les adresses des bourgs corrompus, ni par des assemblées de comté promues et dirigées par les gens en place et les gens à pensions. C'est la corruption qui en appelle à elle-même: mais une convention de mille personnes, librement élues, auroit bientôt décidé tout cela.

(·319·)

Il n'y a guère que les gens qui n'ont rien à faire, ou les plus proches voisins, qui se rendent dans les assemblées des comtés ; et alors le nombre des assistans n'est rien en comparaison de ce qu'il devroit être. Le seul bon effet que ces assemblées pourroient avoir, seroit de commencer à faire diviser les comtés en districts ; et après cela, chaque district pourroit, d'après le nombre de ses habitans, et au prorata, élire une partie des membres que le comté devroit fournir à la convention nationale. Le vœu de chaque électeur seroit émis dans sa propre paroisse, soit par scrutin, soit à haute voix, comme on voudroit.

Une convention nationale, formée de cette manière, pourroit manifester le libre vœu et les opinions de toutes les parties de la nation. La science du gouvernement, et les intérêts du peuple et de toutes les parties de l'état, seroient amplement, sagement discutés, et affranchis de ce langage parlementaire qui déguise tout.

Mais quoique tous les hommes aient le droit de raisonner, quoiqu'ils essaient ordinairement de se convaincre les uns les autres, lorsqu'il s'agit du bien commun, on voit que dans toutes ces grandes assemblées, la majorité des opinions une fois connue, forme une règle à laquelle chaque bon citoyen se conforme.

M. Burke, en homme qui sait; (car tout pensionnaire secret a occasion de le savoir) en homme qui sait, dis-je, que tous les abus qui ont lieu dans le système actuel, sont trop excessifs pour pouvoir les pallier; et que s'ils étoient une fois publics, la majorité de la nation en demanderoit à haute voix la réforme, a essayé de prévenir un tel événement, en soutenant que la majorité d'une nation n'avoit point le droit d'agir comme une nation entière. Disons-lui un mot là-dessus.

Quand on consulte une affaire quelconque, il s'ensuit qu'il doit y avoir un mode de décision. Un consentement commun étant de nécessité absolue, on l'a placé dans la majorité des opinions ; parce qu'autrement il n'y auroit jamais aucune décision, et tout resteroit dans le désordre. C'est peut-être le seul cas sur lequel les hommes, toujours si variés dans leurs idées, s'accordent unanimement, parce que ce mode

de

de décision dérive du droit originel de chaque
individu. Ce droit étant d'abord exercé individuellement par l'homme qui donne
son opinion, qu'importe que cette opinion soit en faveur de la majorité, ou en
faveur de la minorité? Ce n'est qu'une
circonstance accidentelle qui n'augmente
ni ne diminue en rien le droit individuel
et positif. Avant les débats, les discussions,
on ne sait pas de quel côté sera la majorité des opinions; ainsi , pendant que ce
mode de décision assure à chacun la liberté
de son opinion, il lui donne aussi une chance
égale pour le succès.

Parmi les objets qui doivent occuper
une convention nationale, il en est un absolument particulier à l'Angleterre, lequel
est tellement environné de confusion, qu'il
paroît à la première vue impossible de le
réformer. Je veux parler de ce qu'on appelle
ici la loi.

Mais si nous examinons la cause de cette
confusion, objet d'une plainte universelle,
nous voyons que non-seulement elle nous
fournira elle-même un prompt remède
contre les maux qu'elle a produits, mais
encore les moyens de les empêcher de re-
paroître.   X

La confusion des loix ne provient que de ce que chaque parlement a eu l'absurdité de s'attribuer un pouvoir éternel; car les loix semblent avoir le même privilège. Rien ne circonscrit leur durée ; et cependant combien de loix, qui sont devenues absurdes par leurs principes et inconséquentes dans la pratique , sont encore , sinon en vigueur , au moins considérées comme faisant partie de la masse générale ! Par ce moyen, ce qu'on appelle le corps des loix comprend un espace de plusieurs centaines d'années, et on y trouve les loix inusitées, les loix barbares , les loix ridicules , et chaque autre espèce de loix oubliée ou conservée. Ce qui rend la chose encore pire , c'est que la confusion ne fait qu'accroître avec le temps (1).

Pour donner une figure à ce monstre informe , et pour empêcher qu'il ne retombe encore dans un état sauvage, il ne faut que deux choses très-simples.

____

(1) Du temps d'Henri IV, une loi déclaroit que c'étoit un acte de félonie que de multiplier l'or et l'argent, et cette loi resta 226 ans dans le code des loix angloises. Alors on l'abolit comme ridicule et injurieuse.

La première, c'est de revoir la masse des loix, et de ne conserver que celles qui sont bonnes. Tout le reste doit être rejetté. Il faut en même temps que celles qu'on gardera ne datent que de l'époque de la réforme.

Secondement, tous les vingt-un ans, ou bien à quelqu'autre terme, on fera un nouvel examen, dans lequel on suivra la même méthode de rejetter ou de conserver les loix qui dès-lors prendront une nouvelle date. Par ce moyen il n'y aura plus de loix inusitées, et rarement y en aura-t-il qu'on puisse opposer directement l'une à l'autre, ou qui présentent un sens équivoque ; de plus chacun connoîtra l'époque à laquelle remonteront les loix en vigueur.

Il est bon de remarquer que pendant que l'étude de toutes les autres branches de la science a été facilitée par quelque méthode simple et commode, celle des loix est devenue plus compliquée, plus embarrassée, plus confuse, plus obscure.

Parmi les paragraphes que le procureur général a dénoncés dans les *Droits de l'homme*, il y en a un où j'ai dit que : « quant à des loix certaines, il n'y en a » guère ».

J'ignore si le procureur général prétend
que ces expressions sont criminelles parce
qu'elles sont *vraies*, ou parce qu'elles sont
fausses. Ainsi je ne lui répondrai ici qu'une
chose ; c'est que si les faiseurs d'almanachs
n'avoient pas été plus sages que les faiseurs
de loix, l'étude des almanachs seroit aujour-
d'hui aussi abstruse que celle des loix, et
nous aurions une bibliothèque de commen-
tateurs d'almanachs comme nous en avons
une de légistes. Mais, graces au soin
d'écarter ce qui n'est plus en usage et de
recueillir seulement l'utile, on trouve
renfermé dans l'espace d'une année tout
ce qu'il est nécessaire de savoir. Les loix
pourroient également être circonscrites dans
une période donnée.

Je terminerai ici cette lettre pour ce qui
concerne les adresses, la proclamation et
le procès qu'on poursuit contre moi ; et
j'offrirai quelques observations à la société
qui s'intitule elle-même LES AMIS DU PEU-
PLE.

L'expérience nous prouve chaque jour, en
Angleterre comme ailleurs, que la science
du gouvernement commence à être mieux
entendue qu'elle ne l'étoit anciennement,

et que l'âge des fictions, des superstitions politiques, des mystères et de l'artifice, est passé.

Comme il est impossible de calculer les progrès de l'opinion qui marche en silence, et que lorsqu'une nation a changé ses habitudes de penser, il est également impossible de continuer à la gouverner avec des ruses politiques, le seul moyen de prévenir les mécontentemens et les commotions populaires, est de répandre sur l'administration autant de clarté qu'il est possible, d'offrir en même temps à la nation le moyen de faire connoître son vœu ; et ceci, ainsi que je l'ai déjà observé, ne peut s'exécuter que par une convention nationale. Alors l'opinion individuelle se reposera parce qu'elle aura un centre pour se fixer.

La société, dont je viens de parler, composée comme elle l'est d'hommes très-différens, mais sur-tout de ceux qu'on appelle *foxistes*, me paroît avoir suivi un mauvais sentier ou par défaut de jugement, ou par un excès d'adresse. Elle s'occupe maintenant à amuser le peuple avec de nouvelles phrases, et principalement celle *d'une réforme tempérée et modérée*, phrase dont l e vrai sens est : *une continuité d'abus aussi long-temps qu'il sera possible , et la conservation de quelques-uns , si l'on ne peut pas les conserver tous.*

Qui sont ceux qui craignent les réformes ? Le peuple a-t-il peur que les impôts soient trop diminués ? A-t-il peur que les charges inutiles soient trop tôt abolies ? Les pauvres redoutent-ils de voir adoucir leur sort ? L'artisan usé par le travail , le marchand affaissé sous le poids des années et des peines tremblent-ils donc d'avoir dix livres sterling de taxes de moins à payer chaque année ? Le soldat craint - il d'obtenir son congé et d'avoir trois schellings par semaine durant sa vie ? Le matelot a-t-il peur qu'on abolisse la presse ? En vérité , la société dite *des amis du peuple* prend la frayeur des marchands de bourgs, des gens en place, des pensionnaires de la cour pour la frayeur du peuple ; et *la réforme tempérée* et *modérée* dont elle parle ne convient qu'à ces messieurs-là.

Ces mots *tempérée* et *modérée* sont inventés par une lâche politique ou par la ruse et la séduction. Une chose modérément bonne , n'est pas aussi bonne qu'elle pour-

roit l'être. La modération dans le caractère est toujours une vertu : mais la modération dans les principes est une sorte de
vice. Et qui doit être juge de ce qui peut
être une réforme tempérée et modérée ?
La société dite des amis du peuple ne représente personne. La partie non représentée
de la nation ne peut pas confier ses pouvoirs aux membres du parlement, à l'élection desquels elle n'a point concouru.
Ainsi le parti même que la société a pris,
doit mener à avoir recours à une convention nationale.

Quand M. Grey proposa sa motion pour
une réforme parlementaire, M. Fox lui ob-
jecta que cette motion n'indiquoit aucun
plan ; et il avoit raison : mais le plan se
présente de lui-même ; il faudroit donc le
mettre à exécution pendant qu'il en est temps
pour tous les partis ; c'est le moyen de prévenir les dangers qui peuvent naître d'un
mécontentement particulier ou général.

Thomas Paine.

X 4

LETTRE

AU PEUPLE DE FRANCE.

Paris, le 25 septembre 1792,
l'an premier de la République.

CITOYENS,

J'AI reçu avec reconnoissance le titre de citoyen françois que m'a conféré la dernière assemblée nationale, ainsi que l'honneur que m'ont fait mes nouveaux compatriotes, en m'élisant membre de la convention. Touché de tous ces témoignages d'une considération particulière, je sens augmenter mon bonheur en voyant briser les barrières qui séparoient le patriotisme, et le circonscrivoient dans certains coins de la terre, et attachoient au sol comme un objet de végétation le titre de citoyen.

Si ces honneurs m'avoient été accordés dans un moment où la France eût été tranquille, je n'aurois eu qu'à lui témoigner mon affection en les acceptant ; mais ils me sont offerts dans des circonstances où je puis commencer ma carrière de citoyen au milieu des difficultés et des orages. Je ne viens donc point pour jouir du repos. Convaincu que la cause de la France est celle du genre humain, et que la liberté ne s'achète point par des vœux, je partagerai avec joie et les dangers et les honneurs attachés à sa conquête.

Je sais que le moment d'une grande révolution, telle que celle du 10 août, est inévitablement un moment de terreur et de confusion.

L'ame puissamment agitée par les espérances, les craintes, les soupçons, ne goûte de repos que lorsque cette révolution est entièrement achevée. Mais contemplons l'avenir fixément et avec confiance, et nous y verrons des succès certains. Ce n'est plus la méprisable cause des rois, ou de quelqu'autre individu qui appelle au combat les armées françoises : c'est la cause de tous ; c'est l'établissement d'un nouvel ère, qui effacera le despotisme de dessus la face de la terre, et affermira, sur des principes de paix et de fraternité, la grande république du genre humain.

Le sort m'a fait naître pour participer à l'accomplissement d'une autre révolution, celle de l'Amérique, dont le succès est bien fait pour encourager la France. La prospérité et le bonheur dont jouissent maintenant les Américains, les récompensent amplement de toutes les peines qu'ils ont supportées, de tous les obstacles qu'ils ont eu à vaincre.

Les principes de la révolution américaine se sont étendus jusqu'en Europe, et une providence toute-puissante veut régénérer l'ancien monde par l'exemple du nouveau. L'éloignement où l'Amérique se trouve des autres parties du globe, ne lui a pas permis d'y faire pénétrer ses principes elle-même: l'honneur en étoit réservé à la France, qui élève pour toutes les nations l'étendard de la liberté, et qui, en combattant pour sa propre défense, combat pour les droits de tous les hommes.

Cet esprit magnanime qui a assuré les succès de l'Amérique, assure aussi ceux de la France; car il est impossible de vaincre une nation bien déterminée à être libre. Le courage, les sentimens guerriers qui se manifestent en ce moment en France, sont tels qu'il est impossible aux despotes de la terre de les connoître et d'en calculer les effets. Ils ne savent point encore, ces despotes, ce que c'est que de combattre une nation. Ils ont accoutumé de se faire la guerre entr'eux ; ils jugent par la théorie et par la pratique des succès qu'un roi peut obtenir sur l'autre : mais ici ils ne peuvent asseoir aucun jugement.

Dans une querelle comme la nôtre, une foule de circonstances extraordinaires dérange tous les calculs. Quand toute une nation prend les armes, le despote ne connoît point l'étendue de la puissance qu'il a à combattre. Des armées nouvelles s'élèvent au moment où elles sont nécessaires. C'est alors que les difficultés se multiplient pour l'ennemi, tandis qu'elles disparoissent pour le peuple libre qu'il attaque ; il voit ce peuple se relever plus fier que jamais, lorsqu'il le croyoit abattu.

La seule guerre qui peut avoir quelque ressemblance avec la guerre actuelle, est celle de l'Amérique. Chez les Américains, ainsi que chez les François, c'étoit la guerre de toute la nation. Là l'ennemi, en commençant à vaincre, se mit dans le cas d'être

vaincu lui-même : et ses premières victoires
préparèrent ses défaites ; il avança tant
qu'il n'eut plus le pouvoir de se retirer,
parce qu'il se trouva au milieu de toute une
nation armée.

Si l'on proposoit aux Autrichiens et aux
Prussiens de les conduire jusqu'au milieu
de la France, et de les laisser s'en tirer
comme ils voudroient, ils verroient trop combien il seroit dangereux pour eux d'accepter une telle offre ; et les mêmes dangers
les y suivroient de quelque manière qu'ils y
parvinssent. Quelle est donc la politique
qui peut leur faire chercher à obtenir par
force ce qu'ils refuseroient si on vouloit
le leur accorder volontairement ? Mais c'est
perdre son temps que de vouloir faire entendre à des despotes la voix de la raison.
Le meilleur argument qu'on puisse employer
avec eux, c'est une vigoureuse résistance.

L'homme ne peut jamais pénétrer les
voies dont se sert la providence pour régler
l'ordre des événemens. Peut-être les despotes étrangers, en voulant détruire les
principes de la liberté, les introduiront-ils
eux-mêmes dans les pays soumis à leur domination. La liberté et l'égalité sont des

avantages trop grands pour n'appartenir qu'à la France seule ; sa gloire est d'être la première qui les défend en Europe, et elle peut maintenant s'écrier d'une voix puissante : — « O vous, Autrichiens et Prussiens, qui tournez vos bayonnettes contre moi, c'est pour vous, c'est pour l'Europe, c'est pour le genre humain entier, non pour moi seul, que j'élève l'étendard de la liberté et de l'égalité ! »

La cause du peuple a beaucoup souffert des contradictions qui se trouvoient dans la constitution, faite par l'assemblée nationale constituante. Ces contradictions ont divisé au-dedans les opinions et les individus, et obscurci aux yeux des étrangers, les grands principes de la révolution. Mais quand ces contradictions auront disparu, quand la constitution sera conforme à la déclaration des droits, quand ces bagatelles qu'on appelle monarchie, royauté, régence, hérédité de la couronne, seront considérées avec toute leur absurdité, un nouveau rayon de lumière éclairera le monde, et la révolution françoise acquerra une nouvelle force, parce que les principes en seront universellement entendus.

Les objets qui agitent en ce moment la France, s'étendront bientôt au-delà de ses limites ; chaque nation voudra l'imiter, et chaque potentat deviendra son ennemi ; les terreurs du despotisme vont produire une confédération entre les despotes. S'ils viennent attaquer la France, c'est qu'ils ont peur dans leurs états. En entrant dans cette scène, plus grande sans doute que celles qui ont jamais pu occuper aucune autre nation, conservons un esprit calme : ne punissons qu'en instruisant, écartons toute vengeance, commençons un nouvel ère de grandeur d'ame et d'amitié, et nous jouirons bientôt de l'union des autres peuples, et d'un succès digne de nous.

Votre compatriote,

THOMAS PAINE.

F I N.

TABLE
DES LETTRES

Contenues dans ce volume.

Fin de la Table.

labouring agricultural population of Great Britain and Ireland; while, at the same time, his labour is beyond all comparison much less oppressive. In a great many instances, indeed, the object of the convict evidently is to get as much, in the shape of allowances, and to do as little, in the shape of hard labour, as possible.

'The grand secret in the management of convict-servants is, to treat them with kindness, and at the same time with firmness—to speak to them always in a conciliating manner, and at the same time to keep them constantly employed; and it is nothing less than absolute blindness to his own interest, and a want of common sense amounting to downright infatuation, that can lead any master to treat them otherwise. It must be acknowledged, however, that such infatuation has prevailed in New South Wales to a lamentable extent, and has greatly retarded the advancement of the colony on the one hand, and occasioned much misery on the other.

'A free emigrant settler, who has perhaps been riding about the country for a fortnight, neglecting his own affairs and troubling his neighbours, returns to his farm, and finds that his convict-servants have been very idle during his absence. He talks to them on the subject, and his choler rises as he talks; and he curses and swears at them as if he had taken his degree at Billingsgate, instead of being a free-landed proprietor in his Majesty's colony of New South Wales. One of the convicts—a man who has perhaps seen better days—replies in no measured terms; and the master immediately exclaims, with the highest indignation, "You convict-scoundrel, do you speak to me at this rate?" and taking the overseer to witness that the man has spoken insolently to his master, he forthwith hies both overseer and man to the nearest magistrate, who perhaps resides ten miles off, and gallops after them himself an hour or two afterwards. On arriving at the magistrate's, the settler, who is a remarkably good Protestant, kisses the book, and swears that the man spoke to him insolently. The overseer, who is a staunch Roman Catholic, confirms his master's deposition by kissing the same book on the other side, on which the worthy magistrate—who knows that the Bible was sent him for kissing, and not for reading—has religiously pasted a bit of whitey-brown paper, cut with a pair of scissors in the form of a cross. When this *religious* ceremony has been gone through, the magistrate, assuming a very grave aspect, sentences the convict to receive twenty-five lashes for insolence to his master, and he is accordingly delivered over to the scourger of the district. In the mean time, the farm is deprived of the superintendence of the master, the exertions of the overseer, and the labour of the convict; while the other convicts, disheartened and disgusted at the obvious injustice with which their fellow-labourer has been treated, do just as little as possible.

'As soon as the man who has been flogged is fit for labour, he is ordered to the plough; but perceiving that a thick strong root crosses the furrow at a particular point, he contrives the next time the bullocks reach that point to run the plough right against the root, and snap it asunder. "You did it on purpose, you scoundrel!" says the infuriated